会计软件应用（用友软件系列）

用友通T3 职业技能培训教程

（会计电算化员级）

教材编写委员会　　编写

北京希望电子出版社
Beijing Hope Electronic Press
www.bhp.com.cn

内容简介

本书根据考核的规范标准编写，是参加会计软件应用（用友软件系列）考试的考生必备的教材。全书共分 7 章，主要内容为会计信息化概述、建立核算账套、基础设置、总账管理、现金银行、往来管理、财务报表。

本书可作为大中专院校、技校、中高职、职高、高校和社会相关领域培训班进行会计软件应用技能培训与测评的首选教材，还能为社会各界组织会计软件应用考试提供支持，供各考试站组织培训、考试使用。

本书配套内容包括“用友通 T3”标准版软件，由用友软件股份有限公司免费提供，版权归用友软件股份有限公司所有，在北京希望电子出版社微信公众号、微博，以及北京希望电子出版社网站（www.bhp.com.cn）上提供。

图书在版编目（CIP）数据

会计软件应用（用友软件系列）用友通 T3 职业技能培训教程 ：会计电算化员级 /教材编写委员会编写. —北京 ：北京希望电子出版社, 2017.5

ISBN 978-7-83002-449-9

Ⅰ. ①会… Ⅱ. ①全… Ⅲ. ①会计电算化—应用软件—技术培训—教材 Ⅳ. ①F232

中国版本图书馆 CIP 数据核字(2017)第 052106 号

出版：北京希望电子出版社
地址：北京市海淀区中关村大街 22 号
中科大厦 A 座 10 层
邮编：100190
网址：www.bhp.com.cn
电话：010-82620818（总机）转发行部
010-82626237（邮购）
传真：010-62543892
经销：各地新华书店

封面：张　洁
编辑：石文涛　刘　霞
校对：全　卫
开本：787mm×1092mm　1/16
印张：10
字数：237 千字
印刷：北京昌联印刷有限公司
版次：2023 年 1 月 1 版 5 次印刷

定价：32.80 元

国家职业技能鉴定专家委员会
计算机专业委员会名单

教材编委会名单

顾　　问：陈　宇　陈李翔

主任委员：刘　康　张亚男　周明陶

副主任委员：袁　芳　吕　莉

委　　员：（按姓氏笔画排序）

丁文花　马　进　王大印　王　潜　石文涛

叶　毅　甘登岱　皮阳文　刘南平　朱厚峰

何新华　张发海　张灵芝　张　锐　张　慧

李文昊　李顺福　肖松岭　邱　璟　陈　捷

陈　敏　周宝龙　罗　辑　范二朋　杨　莉

郑　棣　姚建岭　段倚红　赵　红　徐建华

阎雪涛　韩培付　董亚谋　雷　波　蔡　维

本书执笔人：刘　金　陈江北　宋　健　王新玲　杨震宇

李传芳　黄海波　张恒嘉　赵天希

出 版 说 明

本书根据《会计软件应用（用友软件系列）会计电算化员级考试大纲》编写。全书共分为七章，主要内容为会计信息化概述、建立核算账套、基础设置、总账管理、现金银行、往来管理和财务报表。

本书结构严谨，内容完整，版面美观，浅显易懂，既适合个人自学，也可作为各培训中心、企业事业单位用于办公培训，还可在中职及高职中会计专业、会计电算化专业及经济管理等专业教学时使用。本书也能为社会各界组织会计软件应用考试提供支持，供各考试站组织培训、考试使用。

本书执笔人为刘金，参加编写的还有陈江北、宋健、王新玲、杨震宇、李传芳、黄海波、张恒嘉、赵天希等。

关于本书的不足之处，敬请批评指正。

目　录

第 1 章　会计信息化概述

现代信息技术在发展过程中与社会诸领域及各个层面动态地相互作用，形成信息化过程。会计信息化是现代信息技术与会计的融合，是应用现代信息技术对传统手工会计体系的变革，其目的是建立以信息技术为技术特征的新的会计信息体系。本章主要讲述会计信息系统的概念、框架结构、企业会计信息系统的实施等问题。

本章重点：

- 会计信息系统的相关概念
- 企业会计信息系统建设与管理
- 用友通管理系统总体介绍

1.1　会计信息系统的基本概念

21 世纪是一个信息时代，会计作为经济生活不可缺少的一部分，必将更多地运用信息技术。会计是一个信息系统，会计信息处理从手工发展到电算化是会计操作技术和信息处理方式的重大变革。它对会计理论和会计方法提出一系列新的课题，使传统会计格局逐渐被打破，新的会计思想和理论逐渐确立，从而在推动会计自身发展和变革的同时，也促进了会计信息系统的进一步完善和发展。

1.1.1　信息

1. 数据和信息

数据是反映客观事物的性质、形态、结构和特征的符号，并能对客观事物的属性进行描述。数据可以是具体的数字、字符、文字或图形等形式。

信息是数据加工的结果，它可以用文字、数字和图形等形式，对客观事物的性质、形式、结构和特征等方面进行反映，帮助人们了解客观事物的本质。信息必然是数据，但数据未必是信息，信息仅是数据的一个子集，经过加工后有用的数据才成为信息。

尽管数据和信息存在着差别，但在实际工作中由于数据和信息并无严格的界限，因此二者经常被不加区别地使用。在会计处理过程中，经过加工处理后的会计信息，往往又成为后续处理的数据。

2. 会计信息

会计是以货币作为主要计量单位，采用专门的方法，对企业和行政事业单位，乃至整个国家的经济活动进行连续、完整、系统地反映和监督的一种管理活动。会计信息是指按照一定的要求或需要进行加工、计算、分类和汇总而形成的有用的会计数据。如原始凭证经过数据处理后变成总账、明细账等。由于会计信息在经济管理中有着极其重要的作用，因此，准确、及时是对会计信息的基本要求。

1.1.2 系统

1. 系统

所谓系统是由一些相互联系、相互作用的若干要素，为实现某一目标而组成的具有一定功能的有机整体。

2. 系统的特征

一般来讲系统具有以下特征。

- 独立性：每个系统都是一个相对独立的部分。它与周围环境具有明确的界限，但又受到周围环境的制约和影响。
- 整体性：系统各部分之间存在着相互依存的关系，既相对独立又有机地联系在一起。
- 目标性：系统是为达到某种特定目标而组织建立起来的。尽管系统中各组成部分的分工不同，但目标却是共同的。
- 层次性：一个系统由若干部分组成，它们可被称为子系统。每个子系统又可分成更小的子系统，因此系统是可分的，相互之间有机结合具有结构上的层次性。
- 运动性：系统随着时间的推移，不断地改变自身的特性以及与环境的适应能力，同时系统还不断地进行着信息的处理，处于不断运动状态。

1.1.3 会计信息系统

1. 信息系统

信息系统是以收集、处理和提供信息为目标的系统，该系统可以收集、输入和处理数据，存储、管理和控制信息，向信息的使用者报告信息，使其达到预定的目标。

2. 信息系统的功能

信息系统的功能可以归纳为以下几个方面。

- 数据的收集和输入：数据的收集和输入功能是指将待处理的原始数据集中起来，转化为信息系统所需要的形式，输入到系统中。
- 信息的存储：数据进入信息系统后，经过加工或整理，得到对管理者有用的信息。信息系统负责把信息按照一定的方法存储、保管起来。
- 信息的传输：为了让信息的使用者方便地使用信息，信息系统能够迅速准确地将信息传送到各个使用部门。
- 信息的加工：信息系统对进入系统的数据进行加工处理，包括查询、计算、排序、归并等。
- 信息的输出：信息输出的目的是将信息系统处理的结果以各种形式提供给信息的使用者。

3. 会计信息系统

会计信息系统是一个对会计数据进行采集、存储、加工、传输并输出大量会计信息的系统。它通过输入原始凭证和记账凭证，运用本身特有的一套方法，从价值方面对本单位的生产经营活动以及经营成果进行全面、连续和系统地定量描述，并将账簿、报表和计划分析等输出反馈给各有关部门，为企业的经营活动和决策活动提供帮助，为投资人、债权人、政府部门提供会计信息，以便更加有效地组织和运用现有资金。

会计信息系统作为企业管理信息系统的一个重要组成部分，其开发与使用的最终目标就是要满足企业现代化管理的需要，这就是说，在特定时期开发出的会计信息系统，其结构与功能必须要适应特定时期的企业管理体制。与此同时，计算机管理系统的开发与应用也会在一定程度上改变企业手工业务处理流程，促进企业管理的规范化和现代化，使企业管理进入一个更高层次。企业管理进入一个更高层次后又会反过来要求会计信息系统在结构与功能上作进一步发展，以适应企业更高层次管理模式的需要。因此，会计信息系统的发展与企业管理的发展是既相互适应又相互推动的。

1.1.4　会计信息系统的特点

由于会计信息系统有手工会计信息系统和基于计算机的会计信息系统之别，这里分别就手工会计信息系统和基于计算机的会计信息系统来说明会计信息系统的特点，以比较不同处理手段给会计信息系统带来的区别。

1. 手工会计信息系统的特点

手工会计信息系统主要有以下特点：

- **数据量大：**会计信息系统以货币作为主要计量单位，对生产经营活动进行系统、连续、全面、综合地核算和监督。一个企业的生产经营活动涉及到具体的货币资金、债权债务的收支增减变动，具体品种规格的材料物资、机器设备和工具器具的增减变动，都要归入会计信息系统，经过加工处理，最后得出反映单位财务状况和经营成果的综合性数据。会计数据核算详细，存储时间长，数据量大，占整个企业管理信息量的 70%左右。
- **数据结构复杂：**会计信息必须反映企业的整体经济活动，主要从资产、负债、所有者权益、成本费用和损益五个方面进行，核算时表现为五大分支体系。这些数据不仅结构层次较多，而且数据处理流程也比较复杂，一项经济业务的发生，可能引起各个方面的变化，数据处理比其他信息处理系统都要错综复杂。
- **数据加工处理方法要求严格：**会计信息系统对各项经济业务的处理都必须遵守一套严格的准则和方法，如存货计价、成本计算等从内容到范围、方法，在会计法规和财经制度中作了明确的规定，必须严格按规定执行，不得随意更改。
- **数据的及时性、真实性、准确性、完整性和全面性等要求严格：**会计信息的及时性是对经济活动有效核算和监督的基础，会计信息系统应该及时地向有关部门及个人提供数据，及时将有关资金运动、成本消耗的信息反馈给管理部门，以利于管理者能够及时做出正确的决策。为全面反映经济活动情况，会计信息系统收集的数据必须齐全，不允许有疏漏，保证资料的连续、完整；数据加工的过程要有高度的准确性，不能有任何差错。只有全面、完整、真实、准确地处理会计数据，才能正确反映单位的经营成果和财务状况，准确处理国家、企业及个人之间的财务关系。

- **安全可靠性要求高：** 会计信息系统的有关资料包含了企业单位的财务状况和经营成果的全部信息，是重要的历史档案材料，不能随意泄露、破坏和丢失。应采取有效措施加强管理，保证系统数据的安全可靠。

2. 基于计算机的会计信息系统的特点

计算机方式下的会计信息系统，不仅具有电子数据处理系统的共性，而且具有以下几个自身特征。

- **及时性与准确性：** 计算机方式下会计信息系统，数据处理更及时、准确。计算机运算速度决定了对会计数据的分类、汇总、计算、传递及报告等处理几乎是在瞬间完成的，并且计算机运用正确的处理程序可以避免手工处理出现的错误。计算机可以采用手工条件下不易采用或无法采用的复杂的、精确的计算方法，如材料收发的移动加权平均法等，从而使会计核算工作更细、更深，能更好地发挥其参与管理的职能。
- **集中化与自动化：** 基于计算机的会计信息系统，各种核算工作都由计算机集中处理。在网络环境中信息可以被不同的用户分享，数据处理更具有集中化的特点。对于大的系统如大型集团或企业，规模越大，数据越复杂，数据处理就要求更集中。由于网络中每台计算机只能作为一个用户完成特定的任务，使数据处理又具有相对分散的特点。基于计算机会计信息系统，在会计信息的处理过程中，人工干预较少，由程序按照指令进行管理，具有自动化的特点。集中化与自动化将会取得更好的效益。
- **人机结合的系统：** 会计工作人员是会计信息系统的组成部分，不仅要进行日常的业务处理还要进行计算机软硬件故障的排除。会计数据的输入、处理及输出是手工处理和计算机处理两方面的结合。有关原始资料的收集是计算机化的关键性环节，原始数据必须经过手工收集、处理后才能输入计算机，由计算机按照一定的指令进行数据的加工和处理，将处理的信息通过一定的方式存入磁盘、打印在纸张上或通过显示器显示出来。
- **内部控制更加严格：** 基于计算机会计信息系统，内部控制制度有了明显的变化，新的内部控制制度更强调手工与计算机结合的控制形式，控制要求更严，控制内容更广泛。

1.2 企业会计信息系统的建设与管理

企业会计信息系统建设是指企业建立会计信息系统的全过程。无论企业规模大小，结构及业务复杂程度如何，建立会计信息系统的工作程序都大致相同。本节就站在企业的角度按照企业会计信息系统的建立过程展开各项内容，对每个环节应该注意的问题加以阐释，以有效指导企业会计信息系统的建设工作。

1.2.1　企业会计信息化总体规划

企业会计信息系统的建设是一项复杂的系统工程，涉及企业各个方面，诸多业务环节，需要人力、物力和财力等多项资源。因此，企业在建设会计信息系统之前，应制定企业会计信息化总体规划。

制定企业会计信息化总体规划时应立足本单位实际，具体包括以下几项内容：

1. 会计信息系统建设的目标

会计信息系统建设的目标应指明企业建设会计信息系统的基本方向，它明确了系统建设的规模和业务处理范围。按时间划分，可以划分为近期目标和中长期目标。

2. 会计信息系统建设的工作步骤

会计信息系统建设的工作步骤是按照会计信息系统建设目标的要求和企业实际情况对会计信息系统建设过程进行任务分解，主要规定系统的建设分哪几步进行、每一步的阶段目标和任务、各阶段资源配置情况等。

3. 会计信息系统建设的组织机构

规划中应明确规定会计信息系统建设过程中的管理体制及组织机构，以利于统一领导、专人负责、高效率地完成系统建设的任务。

会计信息系统建设过程不仅会改变会计工作的操作方式，还会引起会计业务处理流程、岗位设置，甚至是单位整个管理模式的一系列重大变革。因此，组织机构在系统建设过程中，还要投入大量的时间，组织专门的人员根据本企业的具体情况建设适应新系统的工作流程、管理制度、组织形式以及绩效考核标准等。

4. 资金预算

会计信息系统建设需要较多的资金投入，因此要对资金统筹安排，合理使用。会计信息系统建设过程中的资金耗费主要是由系统硬件配置、会计软件取得、人员培训费、咨询费和后期的运行维护费用等构成。人们制定预算时往往容易重视软硬件购置费而忽视咨询、维护费，但事实是，软件实施费及后期的维护费占到系统建设费用的 50%以上。

1.2.2　会计信息系统选型

企业会计信息系统建设中，选择合适的会计软件是关键的一步。那么如何选择合适的会计软件呢？一般来说，软件选择时要考虑以下几方面因素。

1. 软件功能是否满足本单位业务处理的要求

明确企业业务处理要求并了解软件功能能否满足这些要求，是企业选择会计软件时首先需要考虑的问题。

用户首先应明确本企业所属行业，不同的软件可能适应不同的行业；目前市场上销售的会计软件，大的方面功能大同小异，在细微处却略有不同，而企业的功能需求也主要在细节上见真章，这就要求企业在选购软件时，应了解软件在功能细节上能否满足自己的特殊要求，特别是，有些软件从表面上或宣传上具有某项功能，但实际上根本不是企业真正需要的，也就是说软件在功能实现的准确性方面不一定能全部到位。最后还要了解软件的功能完整性，企业可能需要分阶段建立会计信息系统，比如，先实现总账、报表、工资、固定资产的计算机管理，再考虑购销存业务处理，最后解决成本核算问题，在这种情况下，企业购买某一家的软件时，应考虑软件是否具有上述所有功能。

2. 考察软件的灵活性、开放性与可扩展性

会计信息系统的建立实际上是在现代管理理论的指导下，用现代技术加强、改造、完善或建立全新的信息管理系统。因此，在应用软件系统运行后还必须考虑由于信息技术的飞速发展所引起的商业活动方式的变化对企业经营管理方式提出的要求，包括机构变革和业务流程重组，以及随着经营活动范围的扩大和方式的多样化，产生了许多新的市场机会，企业抓住这些机会的必要条件之一就是要进一步调整、增强和完善信息管理系统的功能。这就要求软件系统的设置具有一定的灵活性，以便调整软件操作规程和适应新的业务处理流程的变化。同时，软件在与其他信息系统进行数据交换以及进行二次开发方面的功能对于适应企业不断变化中的管理工作是非常重要的。

3. 根据企业业务量和规模选择会计软件的网络体系结构

企业当月凭证量以及业务票据的多少对于选择特定结构体系的网络会计软件是非常重要的。对单一企业而言，如果企业规模比较大，业务量和凭证量也比较大，则应考虑选择基于大型数据库开发的软件和客户/服务器（C/S）结构体系的网络版软件。对于跨地域经营的集团型企业，为了实现财务的集中化管理，在选择软件时还要考虑软件系统是否支持 Internet 技术，如选用基于广域网浏览器/服务器（B/S）结构体系的会计软件。

4. 考察会计软件的运行稳定性和易用性

软件运行的稳定性是软件质量和技术水平的体现，如果软件在运行时经常死机或非法中断，势必会影响会计信息系统的运行效果和数据的安全性。一般而言，软件开发至少需要一年以上的时间才能形成产品；而在软件推向市场时，还需要一年时间的磨合，经过众多用户的实际运行考验才能趋向稳定；再需要半年至一年时间才能趋向成熟。用户可以从软件开发与投放市场的时间长短初步判断软件的稳定性，再通过一些实际操作或试运行进一步确定其稳定性。

软件的易学易用对人员培训的工作量以及软件系统的应用效果是有直接影响的，也是企业在选购软件时应该考虑的。

5. 选择稳定的开发商和服务商

软件开发商的技术实力和发展前景也是企业在选择会计软件时应该考虑的一个重要方面。如果软件开发商的技术实力有限或者根本没有稳定的开发队伍，则今后软件版本的升级和软件功能的改进都将存在问题，用户后续服务支持将无从保证。

此外，某一软件的售后服务体系是否健全、服务水平高低以及服务态度如何都将影响到软件能否顺利投入使用，今后软件在运行过程中出现问题能否得到及时解决是至关重要的。需要特别注意的是，选用的软件最好在企业所在城市或地区设有售后服务部门，这是

软件长期稳定运行的一个重要保障。

1.2.3　会计信息系统运行平台的建设

会计信息系统运行平台是指会计信息系统赖以运行的软硬件环境。它包括两个方面的内容，一是计算机硬件环境；二是运行会计信息系统的软件环境，包括操作系统、数据库管理系统等。

1. 硬件平台

会计信息系统硬件平台是会计信息系统运行的基础。随着计算机技术的发展，计算机的性能/价格比日趋合理。因此，硬件平台的选择不限于讨论单机如何选型，如何配置，而是更侧重于计算机网络的规划和建设。

2. 系统软件

会计信息系统运行的软件平台主要包括操作系统及数据库管理系统等。

随着分布式网络计算技术的发展，计算机网络服务器一般可分为数据库服务器、Web服务器、应用服务器、通讯服务器等。网络版会计软件的应用，应根据网络会计软件的体系结构（如 C/S 结构、B/S 结构等），购置网络服务器和选择网络操作系统。

数据库系统主要分为服务器数据库系统和桌面数据库系统，服务器数据库主要适合于大型企业的使用，代表系统主要有 Oracle、SQL Server 和 DB2 等。

1.2.4　人员培训

会计信息系统人才问题是发展会计事业的关键因素。会计信息系统的建设不仅需要会计和计算机方面的专门人才，更需要既懂会计、又懂计算机技术的复合型人才。培养会计电算化人才应分层次进行，可分为初级、中级和高级三个层次。

- 初级人才的培养：财会人员通过初级培训，应该掌握计算机和会计核算软件的基本操作技能，了解会计核算软件的基本工作原理和过程。
- 中级人才的培养：培养中级人才的目的，是通过学习掌握计算机和会计专业知识，能够使他们了解会计信息系统和企业管理信息系统的开发过程，对计算机系统环境进行一般维护，对会计核算信息简单地进行分析和利用。
- 高级人才的培养：可以通过在高等学校设置研究生课程，培养出掌握计算机专业、会计专业、会计信息系统和企业管理信息系统开发方法等多学科知识的高级会计电算化人才和管理人才，能够进行会计软件的分析和设计。

1.2.5　建立会计信息系统管理制度

为了对会计信息系统进行全面管理，保证会计信息系统安全、正常运行，在企业中应切实做好会计信息系统内部控制，以及操作管理、会计档案管理等工作。

1. 建立内部控制制度

内部控制制度是为了保护财产的安全完整，保证会计及其他数据正确可靠，保证国家有关方针、政策、法令、制度和本单位制度、计划的贯彻执行，提高经济效益，利用系统的内部分工而产生相互联系的关系，形成一系列具有控制职能的方法、措施、程序的一种管理制度。内部控制制度基本作用是保护财产安全完整；提高数据的正确性、可靠性；贯彻执行方针、政策、法令、制度和计划，是审计工作的重要依据。

内部控制制度的基本目标是健全机构、明确分工、落实责任、严格的操作规程，充分发挥内部控制作用。

其具体目标是：

- 合法性，保证处理的经济业务及有关数据符合有关规章制度。
- 合理性，保证处理的经济业务及有关数据有利于提高经济效益和工作效率。
- 适应性，适应管理需要、环境变化和例外业务。
- 安全性，保证财产和数据的安全，具有严格的操作权限、保密功能、恢复功能和防止非法操作功能。
- 正确性，保证输入、加工、输出数据正确无误。
- 及时性，保证数据处理及时，为管理提供信息。单位开展会计信息系统建设工作应从人员培训、经费使用、工作规划等方面加强管理。

2. 建立岗位责任制

会计信息系统的建设应建立健全会计工作岗位责任制，要明确每个工作岗位的职责范围，切实做到事事有人管，人人有专职，办事有要求，工作有检查。按照会计信息系统的特点，在实施会计信息系统建设过程中，各单位可以根据内部控制制度和本单位的工作需要，对会计岗位的划分进行调整和设立必要的工作岗位。

会计电算化后的工作岗位可分为基本会计岗位和电算化会计岗位。

基本会计岗位可分为：会计主管、出纳、会计核算、稽核和会计档案管理等工作岗位。各基本会计岗位与手工会计的各岗位相对应，基本会计岗位必须是持有会计证的会计人员，未取得会计证的人员不得从事会计工作。基本会计工作岗位可以一人一岗、一人多岗或一岗多人，但应当符合内部控制制度的要求。出纳人员不得兼管稽核、会计档案保管和收入、费用和债权债务账目的登记工作。基本会计岗位的会计人员还应当有计划地进行轮换，会计人员还必须实行回避制度，

电算化会计岗位是指直接管理、操作、维护计算机及会计软件系统的工作岗位，实行会计电算化的单位要根据计算机系统操作、维护和开发的特点，结合会计工作的要求，划分会计电算化会计岗位。大中型企业和使用大规模会计电算化系统的单位，电算化可设立如下岗位。

- 电算主管：负责协调计算机及会计软件系统的运行工作。要求具备会计和计算机应用知识以及有关的会计电算化组织管理的经验。电算化主管可由会计主管兼任，采用大中型计算机和计算机网络财务软件的单位，应设立此岗位。
- 软件操作：负责输入记账凭证和原始凭证等会计数据，输出记账凭证、会计账簿、报表和进行部分会计数据处理工作。要求具备会计软件操作知识，达到会计电算化初级知识培训的水平。各单位应鼓励基本会计岗位的会计人员兼任操作岗位的工作。
- 审核记账：负责对已输入计算机的会计数据（记账凭证和原始凭证等）进行审核，

以保证记账凭证的真实性、准确性；操作会计软件登记机内账簿，对打印输出的账簿、报表进行确认。此岗位要求具备会计和计算机应用知识，达到会计电算化初级知识培训的水平，可由主管会计兼任。

- 电算维护：负责保证计算机硬件、软件的正常运行，管理机内会计数据。此岗位要求具备计算机应用知识和会计知识，经过会计电算化中级知识培训。采用大中型计算机和计算机网络会计软件的单位，应设立此岗位。此岗位在大中型企业中应由专职人员担任；维护员不应对实际会计数据进行操作。
- 电算审查：负责监督计算机及会计软件系统的运行，防止利用计算机进行舞弊。审查人员要求具备会计和计算机应用知识，达到会计电算化中级知识培训的水平。此岗位可由会计稽核人员或会计主管兼任。采用大中型计算机和大型会计软件的单位，可设立此岗位。
- 数据分析：负责对计算机内的会计数据进行分析。要求具备计算机应用和会计知识，达到会计电算化中级知识培训的水平。采用大中型计算机和计算机网络会计软件的单位，可设立此岗位。此岗位可由主管会计兼任。
- 档案管理：负责磁盘或光盘等数据、程序的保管，打印输出账表和凭证等各种会计档案资料的保管工作，做好数据及资料的安全保密工作。
- 软件开发：主要负责本单位会计软件的开发和软件维护工作。由本单位人员进行会计软件开发的单位，设立此软件开发岗位。

在实施会计信息系统过程中，各单位可根据内部控制制度的要求和本单位的工作需要，参照上述电算化会计岗位进行内部调整和增设必要的工作岗位。基本会计岗位与电算化会计岗位，可在保证会计数据安全的前提下交叉设置，各岗位人员应保持相对的稳定。由本单位进行会计软件开发，还可增设软件开发岗位。小型企事业单位设立电算化岗位，应根据实际需要对上述岗位进行适当的合并。

3. 操作管理

电算化后，会计信息系统的正常、安全和有效运行的关键是操作使用。操作管理主要体现在建立与实施各项操作管理制度上。如果单位的操作管理制度不健全或实施不得力，都会给各种非法舞弊行为以可乘之机。如果操作不正确，会造成系统内数据的破坏或丢失，影响系统的正常运行，也会造成录入数据的不正确，影响系统的运行效率，直至输出不正确的账表。因此，单位应建立健全操作管理制度并严格实施，以保证系统的正常、安全和有效地运行。

操作管理的任务是建立计算机会计系统的运行环境，按规定录入数据，执行各自模块的运行操作，输出各类信息，做好系统内有关数据的备份及故障时的恢复工作，确保计算机系统的安全、有效和正常运行。

操作管理制度主要包括以下内容：

规定操作人员的使用权限。通常由会计主管或系统管理员为各类操作人员设置使用权限和操作密码，规定每一个人可以使用的功能模块和查询打印的资料范围，未经授权，不得随便使用。在授权时应注意，系统开发人员、维护人员不得担任操作工作；出纳人员不得单独担任除登记日记账以外的其他操作；对不同的操作人员规定不同的操作权限，对企业的重要会计数据要采取相应的保护措施；未经授权的人一律不得上机。

操作人员上机必须登记，包括姓名、上机时间、操作内容、故障情况和处理结果等，上机操作记录必须由专人保管。

操作人员必须严格按照会计业务流程进行操作。要预防已输入计算机的原始凭证和记账凭证未经审核而登记机内账簿；已输入的数据发生错误应根据不同情况进行留有痕迹的修改。

为确保会计数据和会计软件的安全保密，防止对数据和会计软件的非法修改和删除，操作人员应及时做好数据备份工作，对磁性介质存放的数据要保存双备份，以防发生意外。

为避免计算机病毒的侵入，操作人员不得使用外来磁盘，如必须使用要先进行病毒检查，健全计算机硬件、软件出现故障时进行排除的管理措施，确保会计数据的安全性与完整性。

4. 维护管理

系统的维护包括硬件维护和软件维护两部分。软件维护主要包括正确性维护、适应性维护和完善性维护三种。正确性维护是指诊断和清除错误的过程；适应性维护是指当单位的会计工作发生变化时，为了适应会计工作的变化而进行的软件修改活动；完善性维护是指为了满足用户在功能或改进已有功能的需求而进行的软件修改活动。软件维护还可分为操作性维护与程序性维护两种。操作性维护主要是利用软件的各种自定义功能来修改软件，以适应其变化；操作性维护主要是指需要修改程序的各项维护工作。

维护是系统整个生命周期中最重要、最费时的工作，应贯穿于系统的整个生命周期，不断地重复进行，直至系统过时和报废为止。现有统计资料表明：软件系统生命周期各部分的工作量中，软件维护的工作量一般占 50%以上，因此，各单位应加强维护工作的管理，保证软件的故障及时排除，满足单位会计工作的需要。加强维护管理是系统安全、有效和正常运行的保证之一。

在硬件维护工作中，较大的维护工作一般是由销售厂家进行的。使用单位一般可不配备专职的硬件维护员。硬件维护员可由软件维护员担任，即通常所说的系统维护员。

对于自行开发软件的单位一般应配备专职的系统维护员。系统维护员负责系统的硬件设备和软件的维护工作，及时排除故障，确保系统能正常运行，负责日常的各类代码、标准摘要、数据及源程序的正确性维护、适应性维护，有时还负责完善性的维护。

维护的管理工作主要是通过制定维护管理制度和组织实施来实现的。维护管理制度主要包括以下内容：系统维护的任务、维护工作的承担人员、软件维护的内容、硬件维护的内容、系统维护的操作权限和软件修改的手续。

5. 档案管理

会计档案管理主要是建立和执行会计档案立卷、归档、保管、调阅和销毁等管理制度。电算化后，大量的会计数据存储在磁盘中，而且还增加了各种程序、软件等资料。各种账表也与原来的有所不同，主要是打印账表。这些都给原有的档案管理工作提出了新的要求，需要加强会计档案的管理。这里的档案主要是指打印输出的各种账簿、报表和凭证；存储会计数据和程序的软盘及其他存储介质；系统开发运行中编制的各种文档以及其他会计资料。档案管理的任务是负责系统内各类文档资料的存档、安全保管和保密工作。有效的档案管理是存档数据安全、完整与保密的有效保证。档案管理一般也是通过制定与实施档案管理制度来实现的。

档案管理制度一般包括以下内容。

- 存档的手续：主要是指各种审批手续，比如打印输出的账表。必须有会计主管、系统管理员的签章才能存档保管。
- 各种安全保证措施：比如备份软盘应贴上写保护标签，存放在安全、洁净、防热和防潮的场所。
- 档案使用的各种审批手续：调用源程序就应由有关人员审批，并应记录下调用人员的姓名、调用内容和归还日期等。
- 各类文档的保存期限及销毁手续：打印输出账簿应按《会计档案管理办法》的规定保管期限进行保管。
- 档案的保密规定：对任何伪造、非法涂改更改、故意毁坏数据文件、账册和软盘等的行为都将进行相应的处理。

6. 病毒预防

计算机病毒是危害计算机信息系统的一种新手段，其传播泛滥的客观效果是危害或破坏计算机资源。轻则中断或干扰信息系统的工作，重则破坏计算机内数据造成系统重大甚至是无可挽回的损失。因此，在会计信息系统的运行过程中必须对计算机病毒问题给予充分的重视。

病毒感染的具体表现主要有：侵害计算机的引导区或破坏文件分区表，使系统无法启动或调用文件；系统无法调用某些外部设备如打印机、显示器等，但这些设备本身并无故障；系统内存没有原因的减少，软件运行速度减慢甚至死机；在特定的日期，当前运行的文件突然被删除；用户储存在硬盘上的文件被无故全部删除；正在运行的计算机突然无故重新启动；突然格式化特定的磁道、扇区甚至整个磁盘；屏幕突然出现弹跳的小球、字符等某些特定的图形等。除以上表现外，一般说来只要正在工作的计算机发生突然的非正常运行，通常都应首先怀疑是计算机病毒在起作用。

根据病毒的特点和侵害过程，防范计算机病毒的主要措施主要有以下几种方法。

建立网络防火墙以抵御外来病毒或“黑客”对网络系统的非法侵入。使用防病毒软件经常对计算机系统进行检查以防止病毒对计算机系统的破坏。不断改进数据备份技术并严格执行备份制度，从而将病毒可能造成的损失降低到最小的程度。

目前出现了一些可以对受到破坏的数据进行抢救的软件，这些软件甚至可以在对硬盘进行格式化后，恢复硬盘中原来保存的数据。有条件的单位应根据需要置备这些软件以便在必要时抢救机内数据。

1.3　用友通管理软件简介

本教程选用了用友通管理软件（以下简称用友通）作为实训平台。用友通从实际需求出发，面向成长型企业开发设计，帮助企业实现全面、精细化财务管理与业务控制的一体化管控信息平台。

1.3.1 功能特点

用友通以客户为核心，集产、供、销、财一体解决方案，突出了对关键流程的控制，实现了对主要业务过程的全面管理，其智能化管控平台支持立体综合统计分析，使企业能够更快应对市场变化、更强管控关键流程、更全洞察运营全貌，为企业科学决策提供依据。

（1）总账系统将财务核算和信息技术相融合，实现企业财务核算的自动化。企业可以投入最少的人力来进行高效、准确、及时、真实、可靠地账务处理，为企业提供多角度的精细化财务数据，以供企业进行科学决策。

（2）加强了对单位往来的管理，既有利于加强往来款项的管理，减少坏账损失，而且有利于营造高增值的价值链，为企业的长期、快速发展提供良好的经营环境。提供往来账龄分析，往来账清理等往来账管理工作，加速流动资金的周转。

（3）借助“现金银行管理”，加强对企现金和银行存款的控制和管理，随时掌握现金、银行存款收付的动态和库存现金余额，确保现金和银行存款的安全。

（4）特别增加了安全通功能，提供 8 项防护功能，可以定期体检，屏蔽广告，查杀恶意软件及修补漏洞，并实时监控数据，保证了数据的安全性。

1.3.2 总体结构

用友通由总账管理、往来管理、现金管理、项目管理、财务报表、工资管理、固定资产管理、财务分析、应收管理、应付管理、采购管理、销售管理、库存管理、核算、老板通等主要部分组成，系统结构如图 1-1 所示。

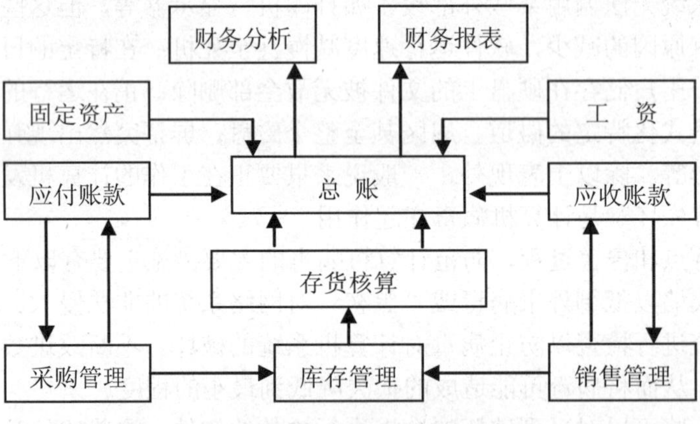

图 1-1 用友通系统结构

1.3.3 用友通安装

用友通属于应用软件，需要首先配置好硬件环境和系统软件环境。以下简单介绍安装方法。

用友通软件安装前的检查与准备：

（1）首先应检查计算机名称，其名称中不能含有“-”（减号）、不能用数字开头，不能有汉字。名称中可以带有“ ”（空格）。如计算机名不符合要求，需对计算机名称修改，在系统属性中，更改计算机名称，如图 1-2 所示。更改名称后，必须重新启动计算机，计算机名称才能生效。

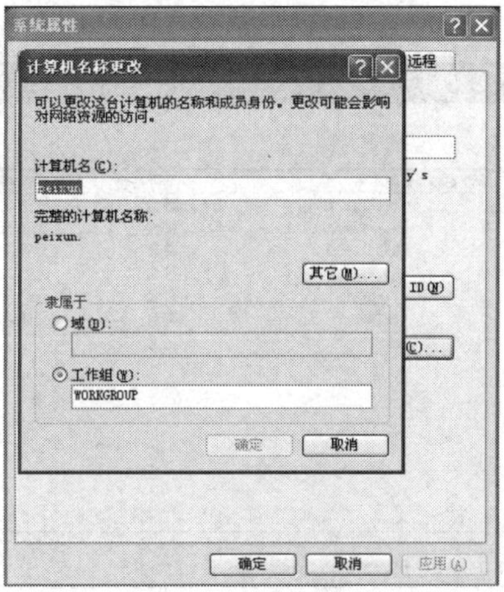

图 1-2　更改计算机名称

（2）安装操作系统及其补丁

用友软件安装要求配置硬件环境及准备系统软件，请参见表 1-1。

表 1-1　用友通要求的软硬件环境

分类 对象	硬件环境 最低配置	 推荐配置	系统软件
客户端	内存 128MB 或以上 CPU PIII 550MHz 或以上 硬盘空间 10GB 或以上	内存 512MB 以上 CPU 1.6GHz 以上 硬盘空间 40GB 以上	Windows Vista Home Premium Windows 2000 Server+SP4 Windows 2003 Server+SP1 Windows XP+SP2 Windows 2000 Professional+SP4
服务器端	内存 256MB 或以上 CPU 800MHz 或以上 硬盘空间 20GB 以上	内存 1GB 或以上 CPU 2GHz 或以上多 CPU 硬盘空间 80GB 以上	Windows Vista Business Windows 2000 Server+SP4 Windows 2003 Server+SP1 Windows XP+SP2 Windows 2000 Professional+SP4
数据库	MS SQL 2000+SP4, MSDE 2000+SP4，MS SQL 2005+SP2		
网络协议	IE6.0+sp1，TCP/IP，Named Pipe		

（3）安装数据库及其补丁

用友通以 SQL Server 2000 作为后台数据库。SQL Server 2000 有个人版、标准版、企业版、专业版等多个版本，建议服务器上安装 SQL Server 2000 标准版；客户端视其安装的操作系统安装 SQL Server 2000 标准版或个人版。

注意：

- 如果没有 SQL Server 2000，也可以安装 MSDE 2000。MSDE 2000 是微软提供的 SQL

Server 的数据引擎，只提供了基本的 SQL 功能，但可以支持用友通运行。

（4）环境检测

用友通含有环境检测功能，可以通过此功能由计算机自动判断机器环境是否符合用友通安装要求。如图 1-3 所示。

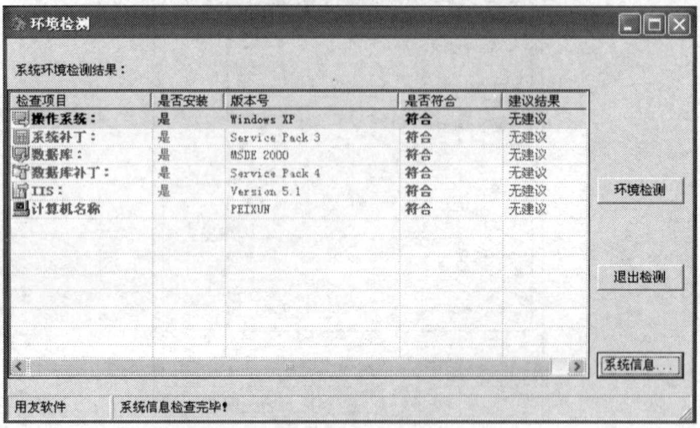

图 1-3　环境检测

（5）安装用友通软件前需要关闭杀毒软件和监控程序。

（6）安装用友通，以系统管理员 Administrator 身份登录计算机，进行用友通软件的安装。

注意：

- 软件安装完成后系统内自动创建了 999 演示账套。
- 安装完成后需要重新启动计算机。

思考题

1. 什么是会计信息系统？
2. 会计信息系统有何特点？
3. 企业会计信息系统建立的工作程序是怎样的？
4. 企业会计信息化总体规划包括哪些主要内容？
5. 会计信息系统选型时需要考虑哪些因素？
6. 会计信息系统管理制度包括哪些？
7. 用友通管理软件的总体结构是怎样的？
8. 练习安装用友通管理软件。

第 2 章　建立核算账套

用友通系统安装完成后，就可以在用友通软件中建立财务核算体系即账套了。所谓建账，是指从原有账务处理方式（手工或其他）到用友通账务处理的交接过程。要将本单位账务处理的方法、核算规则、内容及形式等“告诉”用友通系统，把用友通系统改造为适合本企业核算要求的“专用用友通核算系统”。

本章重点：

- 设置操作员的方法
- 建立账套的方法
- 设置操作员权限的方法
- 输出和引入账套的方法

2.1　系统管理

2.1.1　系统管理的作用

用友通系统由总账、报表、工资、固定资产、项目管理和财务分析等多个模块组成，各个模块之间相互联系，共享数据，从而实现全面的财务管理。由于这些不同的模块是为同一个主体的不同部门、不同岗位服务的，因此在这种一体化管理应用模式下，用友通为各个子系统提供了一个公共平台——系统管理，用于对整个系统的公共任务进行统一管理，如基础信息的设置、企业账套的建立、修改、删除和备份、操作员的建立、角色的划分和权限的分配等，任何系统的独立运行都必须以此为基础。系统管理模块的设立就是基于这样一种考虑。

系统管理模块的主要功能是对用友通系统的各个产品进行统一的操作管理和数据维护，具体包括账套管理、年度账管理、系统操作员及操作权限的集中管理和设立统一的安全机制几个方面的内容。

1．账套管理

账套指的是一组相互关联的数据，每一个企业（或每一个核算部门）的数据在系统内都体现为一个账套。换句话讲，在用友通系统中，可以为多个企业（或企业内多个独立核算的部门）分别立账，且各账套数据之间相互独立，互不影响，使资源得以最大程度地利用。系统最多允许建立 999 个账套。

账套管理包括账套的建立、修改、引入和输出等。

2．年度账管理

在用友通系统中，每个账套里都存放有企业不同年度的数据，称为年度账。为方便管理，系统可以将年度账作为操作的基本单位。

年度账管理包括年度账的建立、引入、输出和结转上年数据及清空年度数据。

3. 系统操作员及操作权限的集中管理

为了保证系统及数据的安全与保密，系统管理提供了操作员及操作权限的集中管理功能。通过对系统操作分工和权限的管理，一方面可以避免与业务无关的人员进入系统，另一方面可以对系统所包含的各个子产品的操作进行协调，以保证各负其责，流程顺畅。

4. 设立统一的安全机制

对企业来说，系统运行安全和数据存储安全是必须的，为此，用友通系统设立了强有力的安全保障机制。

在系统管理中，可以监控并记录整个系统的运行过程，设置数据自动备份、清除系统运行过程中的异常任务等。

2.1.2 系统管理与其他子系统的主要关系

系统管理是用友通产品的运行基础，它为其他子系统提供了公共的账套、年度账及其他相关的基础数据，各子系统的操作员也需要在系统管理中统一设置并分配权限。如果系统在运行的过程中出现了异常任务或单据锁定的情况，则可以在系统管理中进行清除处理，以确保系统的正常运行。只有系统管理员和账套主管才有权限进入系统管理，因此，如果某一子系统中需要增加或修改能够操作本系统的操作员的权限，则应在系统管理中由系统管理员或账套主管进行增加或修改操作员权限的操作。

2.1.3 应用案例

1. 建立企业账套

（1）账套信息

账套号：001。

账套名称：宏发公司账套，采用默认账套路径。

启用会计期：2009 年 1 月。

会计期间设置：1 月 1 日至 12 月 31 日。

（2）单位信息

单位名称：北京宏发电脑公司。

单位简称：宏发公司。

单位地址：北京市海淀区科实大厦 A 座-402。

法人代表：陈宇清。

邮政编码：100049。

联系电话及传真：010-63403672。

税号：110102200711077。

（3）核算类型

该企业的记账本位币为人民币（RMB）；企业类型为工业；行业性质为 2007 年新会计准则；账套主管为李玲，按行业性质预置科目。

（4）基础信息

该企业有外币核算，进行经济业务处理时，需要对存货、客户进行分类，供应商不需分类。

（5）分类编码方案

该企业的分类方案是：

科目编码级次：4222

客户分类编码级次：22

部门编码级次：22

地区分类编码级次：22

存货分类编码级次：222

货位编码级次：222

收发类别编码级次：11

结算方式编码级次：11

（6）数据精度

该企业对存货数量小数位、件数小数位、换算率小数位和税率小数位均定为 2 位；存货单价小数位、开票单价小数位均定为 4 位。

2. 操作员及其分工

（1）01 李玲（口令：11）

负责财务软件运行环境的建立，以及各项初始设置工作；负责财务软件的日常运行管理工作，监督并保证系统的有效、安全和正常运行；负责总账系统的凭证审核、记账、账簿查询和月末结账工作；负责报表管理及其财务分析工作。

具有系统所有模块的全部权限。

（2）02 黄骅（口令：22）

负责现金、银行账管理工作。具有出纳签字权、现金、银行存款日记账和资金日报表的查询及打印权、支票登记权以及银行对账操作权限。

（3）03 方宇（口令：33）

负责总账系统的凭证管理工作以及客户往来和供应商往来管理工作。具有总账系统的填制凭证、自动转账定义、自动转账生成、凭证查询和明细账查询操作权限。具有工资、固定资产、应收系统和应付系统的全部操作权限。

2.2　如何建立账套

2.2.1　注册系统管理

可以以两种身份注册登录进入到系统管理。一是以系统管理员的身份，二是以账套主管的身份。

1. 系统管理员的身份注册系统管理

系统管理员负责整个应用系统的总体控制和维护工作，可以管理该系统中所有的账套。

以系统管理员身份注册进入，可以进行账套的建立、引入和输出，设置用户、角色和权限，设置备份计划，监控系统运行过程，清除异常任务等。在用友通系统中系统管理员是个虚拟人物，被命名为 admin，在实际工作中可能是单位的信息主管、财务主管或专门指定的人员来进行操作。

提示：

- 系统管理员是用友通系统中权限最高的操作员，他对系统数据安全和运行安全负责。因此，企业安装用友通系统后，应该及时更改系统管理员的密码，以保障系统的安全性。系统的初始状态为无密码。
- 设置（更改）系统管理员密码的方法是：在系统管理员“注册〖系统管理〗”对话框中，输入操作员密码后，选择“修改密码”复选框，单击“确定”按钮，打开“设置操作员口令”对话框，在“新口令”文本框中输入欲设置的系统管理员密码，在“确认新口令”文本框中再次输入相同的密码，单击“确定”按钮。

以系统管理员的身份注册系统管理，主要操作步骤如下：

（1）选择“开始”|“程序”|“用友通系列管理软件”|“用友通”|“系统管理”命令，进入“用友通〖系统管理〗”窗口。

（2）选择“系统”|“注册”命令，打开“注册〖控制台〗”对话框。

（3）选择服务器。系统默认当前机器名。

（4）在“用户名”文本框中输入“admin”，如图 2-1 所示。

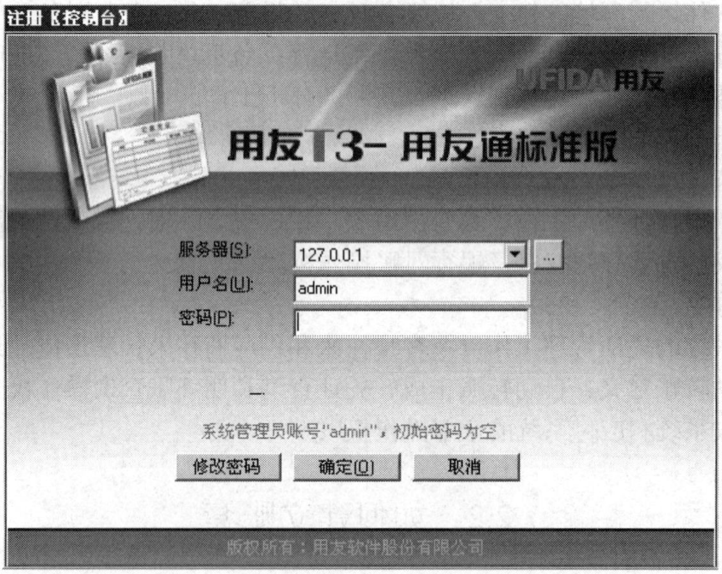

图 2-1　以系统管理员的身份注册系统管理

（5）单击“确定”按钮，即以系统管理员的身份进入“用友通〖系统管理〗”窗口，如图 2-2 所示。

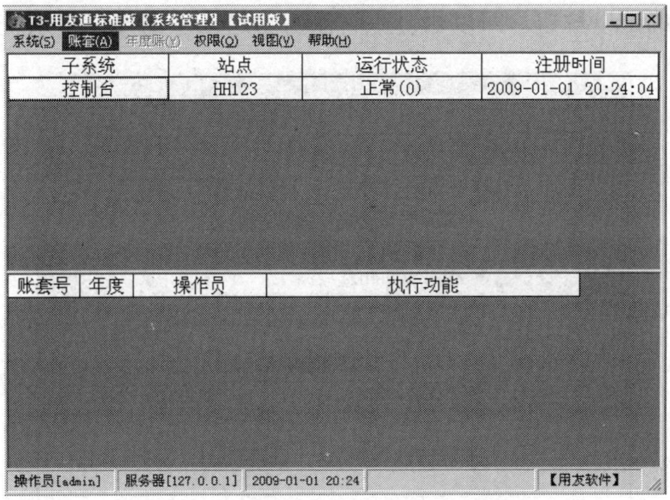

图 2-2　系统管理员注册系统管理成功

2. 以账套主管的身份注册系统管理

账套主管负责所选账套的维护工作。主要包括对所管理的账套进行修改、对年度账的管理（包括创建、清空、引入、输出以及各子系统的年末结转），以及该账套操作员权限的设置。

提示：

- 系统管理员（Admin）和账套主管看到的系统管理登录界面是有差异的。系统管理员登录界面只包括“服务器”、“操作员”和“密码”三项，而账套主管登录界面则包括“服务器”、“操作员”、“密码”、“账套”和“会计年度”五项。
- 如果是初次使用本系统，第一次必须以系统管理员的身份注册系统管理，建立账套和指定相应的账套主管之后，才能以账套主管的身份注册系统管理。

以账套主管的身份注册系统管理，主要操作步骤如下：

（1）选择“开始”|“程序”|“用友通系列管理软件”|“用友通”|“系统管理”命令，进入“用友通〖系统管理〗”窗口。

（2）选择“系统”|“注册”命令，打开“注册〖系统管理〗”对话框。

（3）选择服务器。系统默认当前机器名。如果本身就在服务器端或是单机用户，则选择本地服务器即可，无须调整。如果使用的是网络版，且是在客户端登录，则选择服务端的服务器名称；单击“服务器”文本框，文本框右端出现按钮，单击它，打开“网络计算机浏览”对话框，选择服务器机器名。

（4）输入操作员及密码。在“用户名”文本框中输入欲登录系统的账套主管的姓名或编号，在“密码”文本框中输入账套主管的密码，如图 2-3 所示（因当前还没有建立宏发公司账套主管，所以以系统演示账套的主管 demo 为例，demo 的密码是 demo）。

（5）选择账套。输入用户名之后，系统会在“账套”下拉列表框中根据当前操作员的权限显示该操作员可以登录的账套号。只能从“账套”下拉列表框中选择账套。

（6）选择会计年度。在“会计年度”下拉列表框中选择要进行业务处理的会计年度。

（7）单击“确定”按钮，即以账套主管的身份进入“用友通〖系统管理〗”窗口。

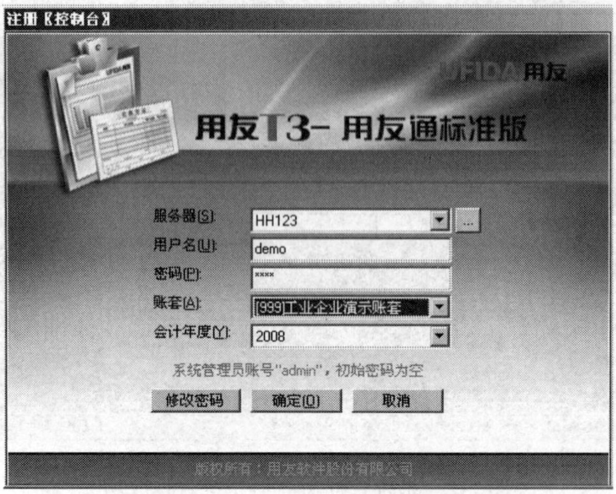

图 2-3　以账套主管的身份注册进入系统管理

提示：

● 系统管理员和账套主管的权限划分

系统管理员（Admin）和账套主管在系统管理中拥有不同的权限，权限比较列表如表 2-1 所示。

表 2-1　系统管理员与账套主管权限比较

主要功能	功能选项	功能细项	系统管理员权限	账套主管权限
账套	账套建立		√	×
	账套修改		×	√
	账套引入		√	×
	账套输出		√	×
	账套数据删除		√	×
年度账	年度账建立		×	√
	清空年度数据		×	√
	年度账引入		×	√
	年度账输出		×	√
	年度账数据删除		×	√
	结转上年数据		×	√
权限	操作员		√	×
	权限		√	√

续表

主要功能	功能选项	功能细项	系统管理员权限	账套主管权限
视图	刷新		√	√
	清除单据锁定		√	×
	清除异常任务		√	×
	上机日志		√	×

注：√表示具有权限，×表示不具备权限

2.2.2　账套管理

在使用系统之前，首先要建立本单位的账套。账套管理包括账套的建立、修改、引入和输出。其中，系统管理员有权进行账套的建立、引入和输出操作；而账套信息的修改则由账套主管负责。下面我们来看看宏发公司的整个核算体系的建立过程。

1．操作员管理

操作员是指有权限登录用友通系统，对不同系统进行操作的人员。每次注册登录应用系统，都要进行操作员身份的合法性检查。只有设置了具体的操作员之后，才能进行相关的操作。

宏发电脑公司按上述顺序输入各个操作人员：

01　李玲（口令：11）

02　黄骅（口令：22）

03　方宇（口令：33）

提示：

- 在增加了操作员之后，如果在操作员列表中看不到该操作员，可以单击“刷新”按钮进行页面更新。
- 系统提示“操作员已启用”，表示该操作员已经在系统中进行过操作（增加档案、制单和审核等）。

操作步骤：

（1）以系统管理员（Admin）的身份注册进入系统管理，选择“权限”|“操作员”命令，进入“操作员管理”窗口。

（2）单击“增加”按钮，打开“增加操作员”对话框，输入操作员“编号”、“姓名”、“口令”和“所属部门”等信息，如图 2-4 所示。单击“增加”按钮，保存新增设置。

（3）如果要修改操作员信息，单击“修改”按钮，打开“修改操作员信息”对话框。已启用的操作员只能修改“口令”、“所属部门”等信息。如果需要暂时停止使用该操作员，可以单击“注销当前操作员”按钮，之后，该按钮会变为“启用当前操作员”，如图 2-5 所示。

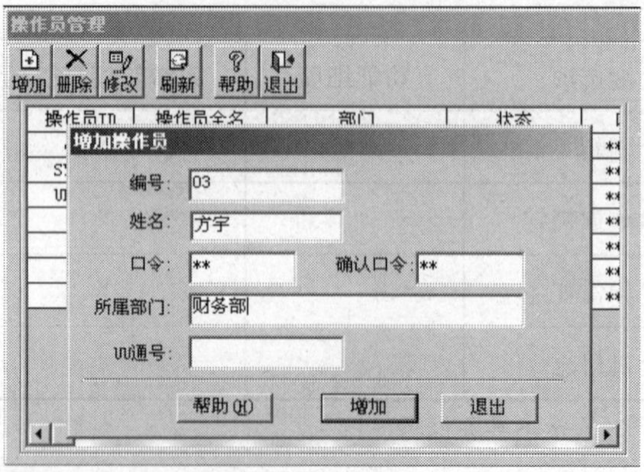

图 2-4　增加操作员

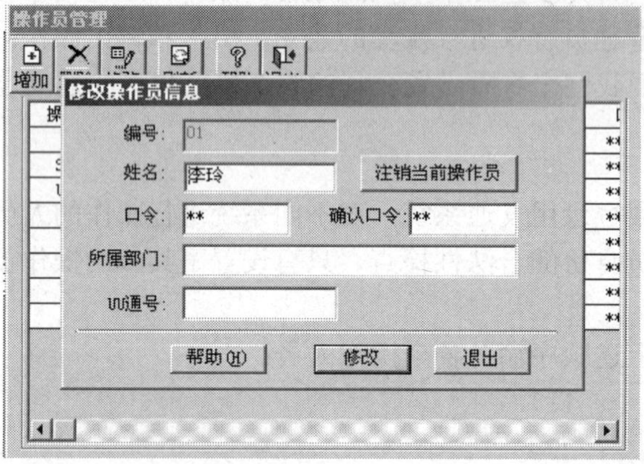

图 2-5　注销当前操作员

（4）如果要删除操作员信息，单击“删除”按钮，已启用的操作员不能删除。

对话框中各选项的意义如下：

- “编号”：必须输入，最长不能超过 10 位，不能输入数字之外的非法字符，不能与系统内已存在的用户编号重复。
- “姓名”：必须输入，最大不能超过 10 位，不能输入数字、字母和汉字之外的非法字符。
- “口令”：可以为空，最长不能超过 20 位，为保密起见，口令输入时以“*”显示。
- “确认口令”：不能输入非法字符。必须与前面输入的口令完全一致，否则不允许进行下一项内容的输入，也不允许保存该用户信息。
- “所属部门”：可以为空，最大不能超过 20 位，不能输入非法字符。

2. 建立账套

企业应用用友通系统之始，首先需要在系统中建立企业的基本信息、核算方法和编码规则等，称之为建账，然后在此基础上进入用友通应用系统的各个子功能，进行日常业务处理。

以系统管理员的身份注册进入系统管理。在系统管理界面选择“账套”|“建立”命令，进入“创建账套”界面。按照建账向导，创建账套的过程分为输入账套信息、输入单位信息、选择核算类型和设置基础信息四个步骤。

操作步骤：

（1）输入账套信息。用于记录新建账套的基本信息，如图 2-6 所示。

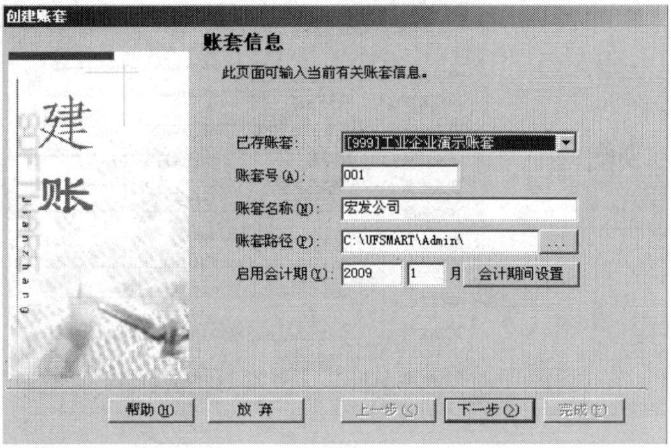

图 2-6　创建账套—账套信息

对话框中各选项的意义如下：

- “已存账套”：系统将已经存在的账套以下拉列表框的形式在此栏目中显示，用户只能参照，而不能输入或修改，其作用是在建立新账套时可以明晰已经存在的账套，避免在新建账套时重复建立。
- “账套号”：用来输入新建账套的编号，账套号为 3 位。系统提供默认的账套号，用户可以修改，账套号的取值范围为 001~999，用户输入的账套号不能与系统内已有的账套号重复。
- “账套名称”：用来输入新建账套的名称，用户必须输入，且不得超过 40 个字符。
- “账套路径”：用来输入新建账套所要被保存的路径，系统默认的路径为 C:\UFSMART\Admin，用户可以修改，也可以单击 ... 按钮进行输入。账套路径不能是网络路径中的磁盘。
- “启用会计期”：用来输入新建账套将被启用的时间，用户必须输入。系统默认为计算机的系统日期，可单击“会计期间设置”按钮，设置账套的启用年度和月度。随后系统会自动将启用月份以前的日期的背景色设为蓝色，标识为不可修改的部分；而将启用月份以后各月的截止日期（各月的初始日期随上月截止日期的变动而变动；年度最后一个月份的截止日期除外）的背景色设置为灰色，标识为可以修改的部分，可以由用户任意设置。例如：本企业由于需要，每月 25 日结账，那么可以在“会计日历-建账”界面双击可修改日期部分（灰色部分），在显示的会计日历上输入每月结账日期，下月的开始日期为上月截止日期+1（26 日），年末 12 月份以 12 月 31 日为截止日期。设置完成后，企业每月 25 日为结账日，25 日以后的业务记入下个月。每月的结账日期可以不同，但其开始日期为上一个月截止日期的下一天。

（2）输入完成后，单击“下一步”按钮，进行“单位信息”设置，输入单位信息。用于记录本单位的基本信息，包括“单位名称”、“单位简称”、“单位地址”、“法人代表”、“邮政编码”、“联系电话”、“传真”、“电子邮件”、“税号”和“备注”等，如图 2-7 所示。

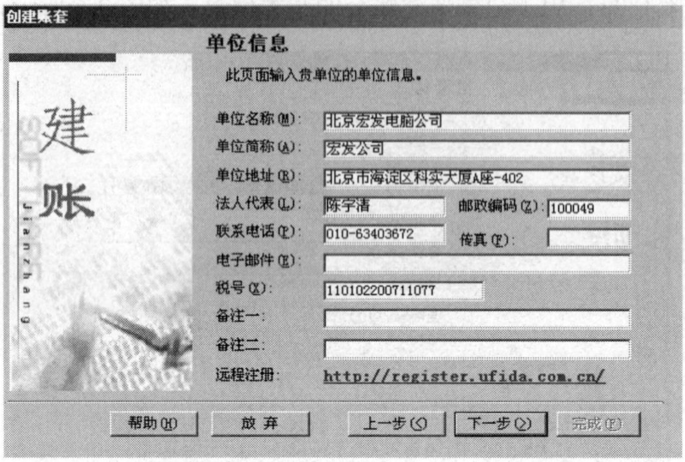

图 2-7　创建账套—单位信息

对话框中主要选项的意义如下：

- “单位名称”：用户单位的全称，必须输入。企业全称只在发票打印时使用，其余情况全部使用企业的简称。
- “单位简称”：用户单位的简称，最好输入。
- “备注”：输入用户认为有关该单位的其他信息。如：所有制类型。

（3）输入完成后，单击“下一步”按钮，进行“核算信息”设置。用于记录宏发公司的基本核算信息，包括“本位币代码”为“RMB”、“本位币名称”为“人民币”、“企业类型”为“工业”、“行业性质”为“2007 年新会计准则”、“账套主管”为“李玲”及选择“按行业性质预置科目”复选框，如图 2-8 所示。

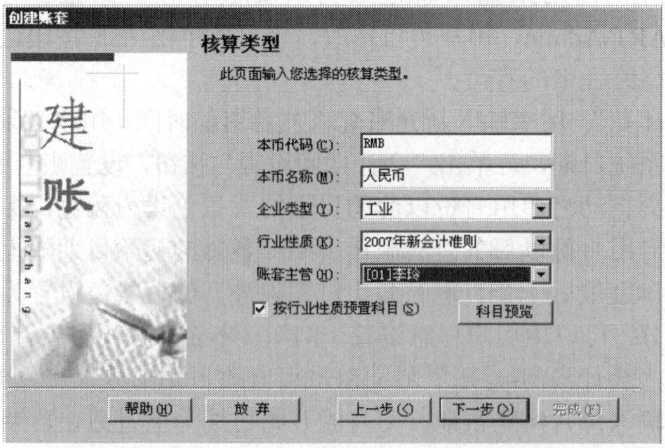

图 2-8　创建账套—核算信息

对话框中各选项的意义如下。

- “本币代码”：用来输入新建账套所用的本位币的代码，如“人民币”的代码为“RMB”。
- “本币名称”：用来输入新建账套所用的本位币的名称，如用户必须输入“人民币”。
- “企业类型”：用户必须从下拉列表框中选择输入。系统提供了工业和商业两种类型。选择不同的企业类型将会影响存货系统的相关单据。
- “行业性质”：用户必须从下拉列表框中选择输入本单位所属的行业性质，这为下一步“是否按行业预置科目”确定了科目范围，并且系统会根据企业所选行业预制一些行业的特定方法和报表。
- “账套主管”：用来选择新建账套账套主管的姓名，用户必须从下拉列表框中选择输入。
- “按行业性质预置科目”：如果用户希望在总账系统预置所属行业的标准科目，则选中该项；如果不选，则由用户自己增加所有级次的会计科目。

（4）输入完成后，单击“下一步”按钮，进行“基础信息”设置。选择企业是否有外币核算业务，并确定是否对存货、客户和供应商进行分类管理，如图 2-9 所示。

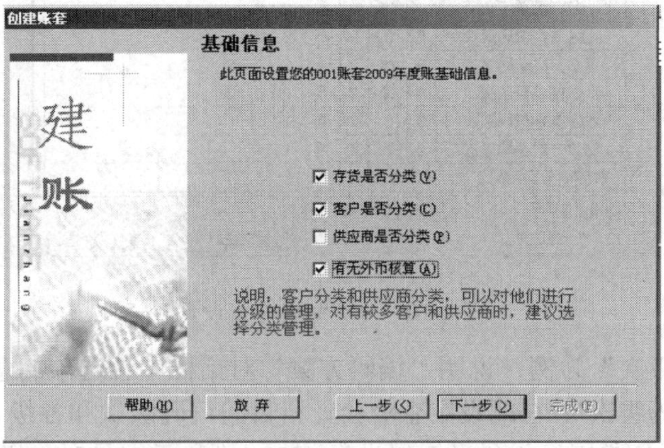

图 2-9　创建账套—基础信息

对话框中各选项的意义如下。

- “存货是否分类”：如果单位的存货较多，且类别繁多，可以选择对存货进行分类管理；如果单位的存货较少且类别单一，可以不进行存货分类。如果选择了存货要分类，那么在进行基础信息设置时，必须先设置存货分类，然后才能设置存货档案。
- “客户是否分类”：如果单位的客户较多，可以选择对客户进行分类管理，否则可以不分类。如果选择了客户分类，那么在进行基础信息设置时，必须先设置客户分类，然后才能设置客户档案。
- “供应商是否分类”：如果单位的供应商较多，可以选择对供应商进行分类管理，否则可以不分类。如果选择了供应商分类，那么在进行基础信息设置时，必须先设置供应商分类，然后才能设置供应商档案。
- “有无外币核算”：如果单位有外币业务，例如用外币进行交易或用外币发放工资等，需要选择此选项。

宏发公司选择对存货和客户分类，供应商不分类，有外币核算。

（5）以上信息输入完成后，单击“完成”按钮，系统提示“可以创建账套了么？”，单击“是”按钮，完成上述信息设置，等候几分钟后（根据电脑性能决定时间长短），系统自动打开“分类编码方案”对话框。

（6）设置分类编码方案

为了便于进行分级核算、统计和管理，需要对基础数据的编码进行分级设置，宏发公司分级设置的内容：科目编码级次 4222、客户分类编码级次 22、部门编码级次 22、地区分类编码级次 22、存货分类编码级次 222、货位编码级次 222、收发类别编码级次 11 和结算方式编码级次 11，如图 2-10 所示。

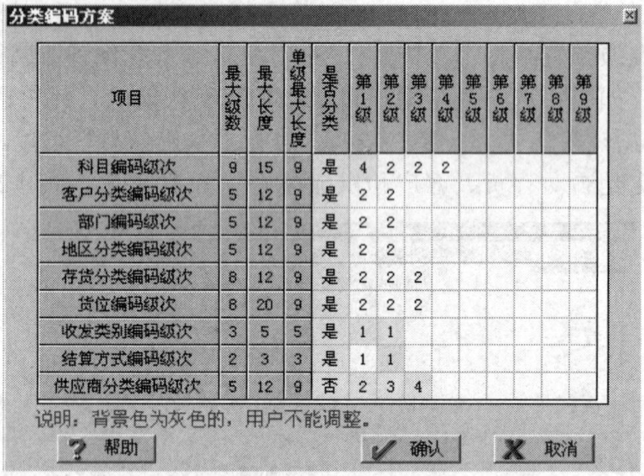

项目	最大级数	最大长度	单级最大长度	是否分类	第1级	第2级	第3级	第4级	第5级	第6级	第7级	第8级	第9级
科目编码级次	9	15	9	是	4	2	2	2					
客户分类编码级次	5	12	9	是	2	2							
部门编码级次	5	12	9	是	2	2							
地区分类编码级次	5	12	9	是	2	2							
存货分类编码级次	8	12	9	是	2	2	2						
货位编码级次	8	20	9	是	2	2	2						
收发类别编码级次	3	5	5	是	1	1							
结算方式编码级次	2	3	3	是	1	1							
供应商分类编码级次	5	12	9	否	2	3	4						

图 2-10　分类编码方案设置

以“科目编码级次”为例，说明“编码方案”对话框中各选项的意义如下：

- “科目编码级次”：在此设定企业会计科目的编码级次和各级长度。例如宏发公司使用新的会计制度，将科目编码设为 4222，则科目编号时一级科目编码是四位长，二至四级科目编码均为两位长。

  宏发公司部分科目级次如表 2-2 所示。

表 2-2　宏发公司部分科目级次

级次	科目编码	科目名称
1	1001	库存现金
2	1002	银行存款
3	100201	工行存款
4	10020101	工行人民币存款
5	10020102	工行美元存款
6	1101	短期投资
7	110101	股票
8	110102	债券

编码级次和各级编码长度的设置将决定用户单位如何编制基础数据的编号，进而构成用户分级核算、统计和管理的基础。各项编码级次的设置应遵从系统定义的规则，设置方法基本相同，只需要单击要修改的编码方案中的级次单元格，背景显示为蓝色，就可以按数字键修改系统默认的位数。

提示：

- 设置的编码方案级次不能超过最大级数；只能在最大长度范围内，增加级数，改变级长。
- 若需要删除级长，必须从最末一级开始删除。
- 当在建立账套时设置存货（客户、供应商）不需分类，则在此不能进行存货分类（客户分类、供应商分类）的编码方案设置。

（7）设置完成后，单击“确认”按钮，进入“数据精度定义”界面，如图 2-11 所示。

（8）设置数据精度。由于各企业对数量、单价的核算精度要求不一致，为了适应各用户企业的不同需求，本系统提供了自定义数据精度的功能。在系统管理部分需要设置的数据精度主要有：存货数量小数位、存货单价小数位、开票单价小数位、件数小数位和换算率小数位。各栏只能输入 0~6 之间的整数，系统默认值为 2。设置“存货数量小数位”为 2；“存货单价小数位”为 4；“开票单价小数位”为 4；“件数小数位”为 2；“换算率小数位”为 2，如图 2-11 所示。

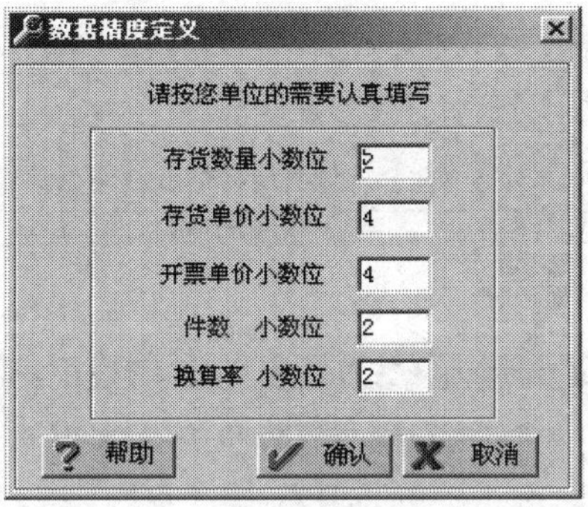

图 2-11 数据精度定义

对话框中各选项的意义如下：

- “存货数量小数位”：确定用户在进行存货数量核算时所要求的小数位数。只能输入 0~6 之间的整数，系统默认值为 2。
- “存货单价小数位”：确定用户在进行存货单价核算时所要求的小数位数。只能输入 0~6 之间的整数，系统默认值为 2。
- “开票单价小数位”：确定用户在开票时所要求的单价的小数位数。只能输入 0~6 之间的整数，系统默认值为 2。
- “件数小数位”：一种存货可以有多个计量单位，如衬衣以件为单位计价，但以箱为单位发货，把件称为主计量单位，把箱称为辅计量单位。在很多单据上，都反映“主计量”、“数量”、“单位”和“件数”几个量，分别代表主计量单位、主计量单位的数量、辅计量单位、辅计量单位的数量。这里可以根据企业的实际情况，输入在进行开票时所要求的件数小数位数。只能输入 0~6 之间的整数，系统默认值为 2。

- “换算率小数位”：用户可以根据企业的实际情况，输入在进行单位换算时所要求的换算率的小数位数。只能输入 0~6 之间的整数，系统默认值为 2。

提示：

- 在上述建账过程中的每个步骤中，均可以单击“上一步”按钮，返回上一界面进行修改，或单击“放弃”按钮，消建账过程。

（9）系统启用。设置完成后，单击“确认”按钮，系统显示“账套创建成功”，确定后弹出“是否立即启用套账”提示，如图 2-12 所示。

图 2-12　是否立即启用账套

（10）单击“是”按钮，可以立即进行系统启用的设置，选择需要使用的模块及启用时间，如图 2-13 所示。也可以单击“否”按钮，先结束建账过程。在需要启用某一系统时再以账套主管身份进入系统管理中的“账套”|“启用”中进行系统启用设置。

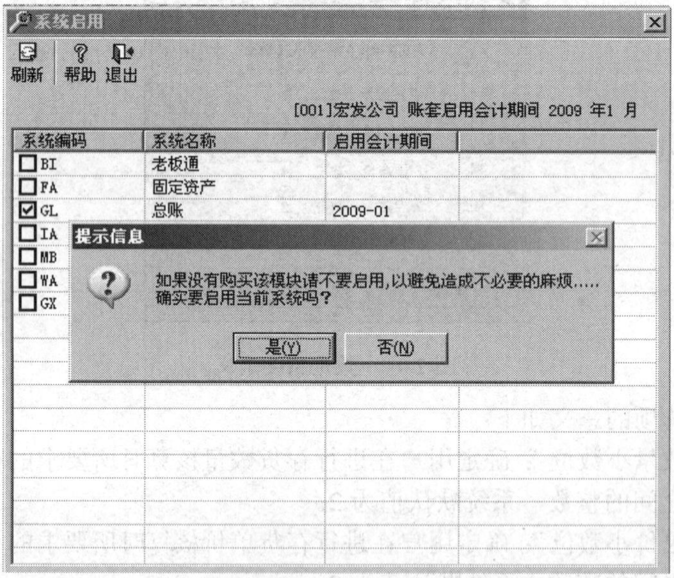

图 2-13　账套启用

3. 修改账套

用户可以通过系统提供的修改账套功能，查看或修改账套信息。

当系统管理员建完账套并设置了账套主管后，在未使用相关信息的情况下，需要对某些信息进行调整，以便使信息更真实准确地反映企业的相关内容时，可以进行适当地调整。只有账套主管可以修改其具有权限的年度账套中的信息，系统管理员无权修改。

提示：

- 只有账套主管才有权限修改相应的账套。
- 可以随时修改的建账信息包括：账套信息中的账套名称、所有的单位信息；账套启用后，核算信息和基础设置信息不允许修改；对于分类设置信息和数据精度信息，在未使用的前提下可以修改全部内容。

在账套的修改中，可以对本年未启用的会计期间修改其开始日期和终止日期。只有没有业务数据的会计期间可以修改其开始日期和终止日期。使用该会计期间的模块均需要根据修改后的会计期间来确认业务所在的正确期间。例如：若第 4 会计期间为 3.26~4.25，现业务数据已经做到第 4 个会计期间，则不允许修改第 4 个会计期间的起始日期，只允许将第 4 个会计期间的终止日期修改成大于 4 月 25 日（如 4 月 28 日），且不允许将第 5 个会计期间的起始日期修改成小于 4 月 26 日（如 4 月 23 日）。

以账套主管的身份注册，选择相应的账套，进入系统管理界面。在系统管理界面选择“账套”|“修改”命令，进入修改账套功能。系统自动列出所选账套的账套信息、单位信息、核算信息和基础设置信息。账套主管可根据企业的实际情况，对允许进行修改的内容进行修改。

可以修改的信息主要有：

- 账套信息：账套名称。
- 单位信息：所有信息。
- 核算信息：除企业类型和行业性质外，其他不允许修改。

4. 备份和删除账套

企业实际运营中，存在很多不可预知的不安全因素，如地震、火灾、计算机病毒和人为的误操作等，任何一种情况发生对系统安全都是致命的。如何在意外发生时将企业损失降到最低，是每个企业共同关注的问题。对于企业系统管理员来讲，定时地将企业数据备份出来存储到不同的介质上（如常见的软盘、光盘及网络磁盘等），对数据的安全性是非常重要的。备份数据一方面用于必要时恢复数据之用；另一方面，对于异地管理的公司，此种方法还可以解决审计和数据汇总的问题。

例 2-1：将 001 账套备份到“C:\001 账套备份-1”文件夹中。

操作步骤：

（1）在 C 盘中建立“001 账套备份-1”文件夹。

（2）以系统管理员 Admin 的身份注册进入系统管理。

（3）选择“账套”|“备份”命令，打开“账套输出”对话框。

（4）在“账套号”下拉列表框中选择需要输出的账套，如图 2-14 所示。

（5）单击“确认”按钮，系统弹出“选择备份目标”窗口。

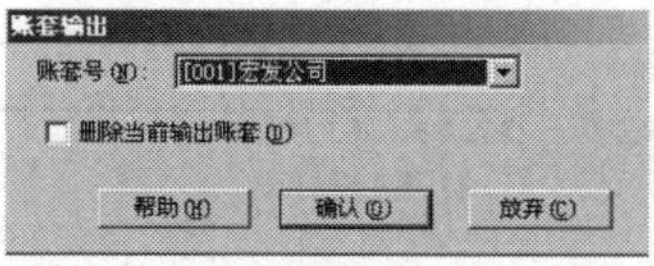

图 2-14　账套输出

（6）单击选中 C 盘，选择“001 账套备份-1”文件夹，如图 2-15 所示。

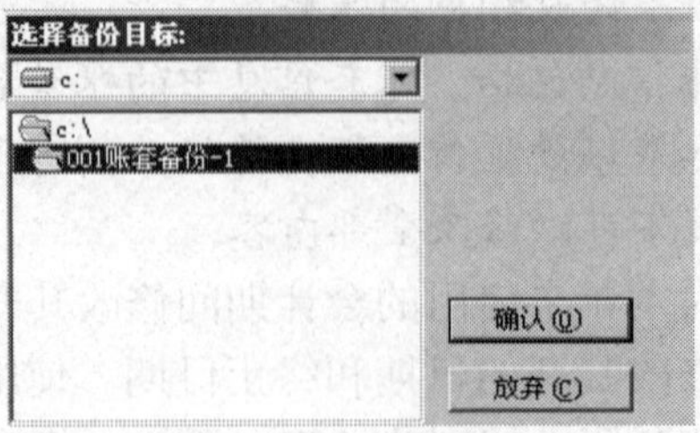

图 2-15　选择账套输出路径

（7）单击“确认”按钮，系统提示硬盘备份完毕。

5. 恢复账套

恢复账套功能是指将系统外某账套数据引入本系统中。主要作用有以下几点：

- 将备份的账套数据恢复到本系统当中。
- 独立核算的子公司、部门等的账套数据可以定期被引入母公司系统中，以便进行有关账套数据的分析和合并工作。如果是作为集团公司的管理人员应用本系统，最好在建立账套之前就预先做好规划，为每个子公司分配不同的账套号，以有效避免引入子公司数据时因为账套号相同而覆盖其他账套的数据。
- 软件使用的服务器或电脑更换时，将原电脑数据转移到新电脑中。

例 2-2：引入“C:\001 账套备份-1”文件夹中的账套备份数据。

操作步骤：

（1）以系统管理员的身份注册进入系统管理。选择“账套”|“恢复”命令，打开“引入账套数据”对话框。

（2）选择要引入的账套数据备份文件，账套数据备份文件是系统输出的文件，前缀名统一为 UF2KAct，可以根据情况重新指定引入账套的存放路径，如图 2-16 所示。

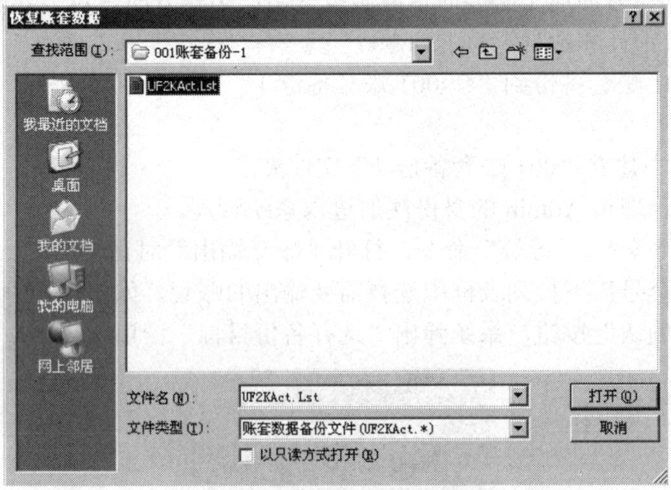

图 2-16　账套恢复

（3）单击“打开”按钮，系统提示“账套[001]恢复成功”。

（4）单击“确定”按钮。

提示：

- 引入数据时最好先关闭杀毒软件。
- 如果要引入的账套在系统中已存在，在引入时系统则会提示“此项操作将覆盖[100]账套的所有信息，继续吗？”单击“是”按钮，则会继续引入，“否”则将放弃引入账套的操作。

6. 设置备份计划

在系统可以通过系统管理中的【设置备份计划】功能，设置完自动备份计划后，系统管理根据这些设置定期进行自动备份处理，以增强系统数据的安全性，同时增强自动处理事务能力，可以在不处理日常业务的时间里进行此项工作。

注册进入系统管理，用户点取功能菜单【系统】下的【设置备份计划】，输出“备份计划设置”界面。

例 2-3：设置备份计划。

计划编码：001；

计划名称：001；

备份类型：账套备份；

发生频率：每天；

开始时间：12:00:00；

有效触发：2 小时；

保留天数：10；

备份路径：“C:\001 账套备份-1\自动备份”。

操作步骤：

（1）以系统管理员的身份注册进入系统管理。选择“系统”|“设置备份计划”命令，单击“增加”按钮，进入增加备份计划界面，如图 2-17 所示。

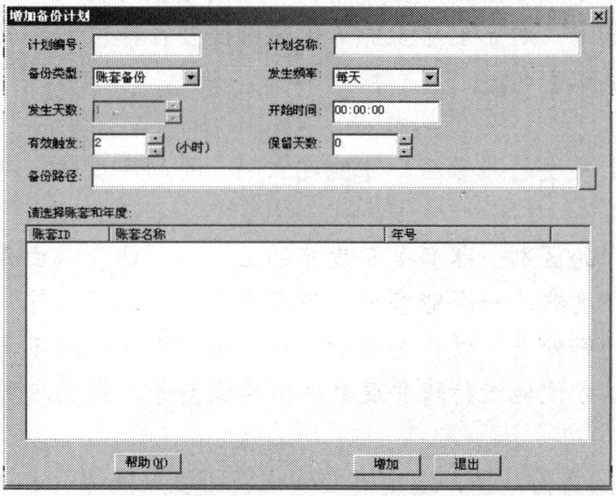

图 2-17　增加备份计划-1

（2）按照题目要求填写备份计划内容，然后单击“增加”完成备份计划的设置。如图 2-18 所示。

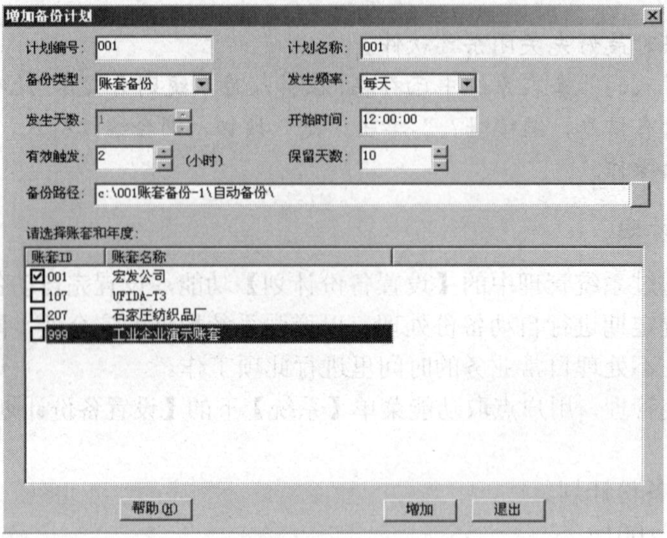

图 2-18　增加备份计划-2

2.3　年度账管理

2.3.1　建立年度账

在系统中，用户不仅可以建多个账套，且每一个账套中可以存放不同年度的会计数据。这样一来，系统的结构清晰、含义明确、可操作性强，对不同核算单位、不同时期数据的操作只需通过设置相应的系统路径即可进行，而且由于系统自动保存了不同会计年度的历史数据，对利用历史数据的查询和比较分析也显得特别方便。年度账的建立是在已有上年度账套的基础上，通过年度账建立，在每个会计期间结束时自动将上个年度账的基本档案信息结转到新的年度账中。对于上年余额等信息则需要在年度账结转操作完成后，由上年自动转入下年的新年度账中。

提示：

- 只有建立了上年度的账套后，才能建立下一年的年度账（初次使用的客户要特别注意）。
- 账套和年度账的区别：账套是年度账的上一级，账套是由年度账组成。首先有账套然后才有年度账，一个账套可以拥有多个年度的年度账。采用账套和年度账两层结构方式的好处是：便于企业的管理，如可以实现对不同范围的数据进行输出和引入，可以方便地进行跨年度数据结构调整等，提高应用效率。

操作步骤：

（1）以账套主管的身份注册，选定需要建立新年度账的账套和上年的时间，进入系统管理界面。例如：宏发公司需要建立 2009 新年度账，此时就要注册进入 001 账套的 2009

年度账中。

（2）在系统管理界面选择“年度账”|“建立”命令，进入建立年度账的功能。

（3）建立年度账界面中有“账套”和“会计年度”两个栏目，均为系统默认，不能修改。“账套”下拉列表框自动显示的是用户注册进入时所选的账套；“会计年度”下拉列表框自动显示的是当前会计年度的下一个年度。

2.3.2　结转上年数据

企业的日常工作是持续进行的，为了进行统计分析，需要人为地将企业持续的经营时间划分为一定的时间段。一般以年为最大单位来统计。每到年末，启用新年度账时，需要将上年度中的相关账户的余额及其他信息结转到新年度账中。

由于系统内模块很多，彼此之间存在数据传递关系，因此结转上年数据的操作不是随意的，需要遵从一定的顺序。先是采购和销售，然后是库存和核算，工资和固定资产，最后是总账。无论企业使用的模块是否齐全，或者只应用了其中的任意几个模块，都要依照此顺序执行结转。

操作步骤：

（1）以账套主管的身份注册进入系统管理。此时注册的年度应该是需要进行结转的年度，如需要将 2008 的数据结转至 2009，则需要以 2009 注册进入。

（2）选择“年度账”|“结转上年数据”命令，选择相应模块结转功能进行上年数据的结转。各相关模块确认后，系统自动进行检查并给出相关提示。

2.4　权限管理

为了保证整个系统安全、有序地运行，适应精细管理的要求，用友通提供了权限的集中管理功能—权限管理，即财务分工，是指对允许使用财务软件的操作员规定操作权限。使用系统之前，需对操作员进行岗位分工，对指定的操作员实行使用权限控制，防止与业务无关人员擅自使用软件。权限管理功能提供了细致的权限管理设置，包括各功能模块相关业务的查询和使用权限。

在系统管理中进行权限管理的操作步骤如下：

（1）以系统管理员的身份注册进入系统管理，选择“权限”|“权限”命令，打开“操作员权限”对话框，如图 2-19 所示。

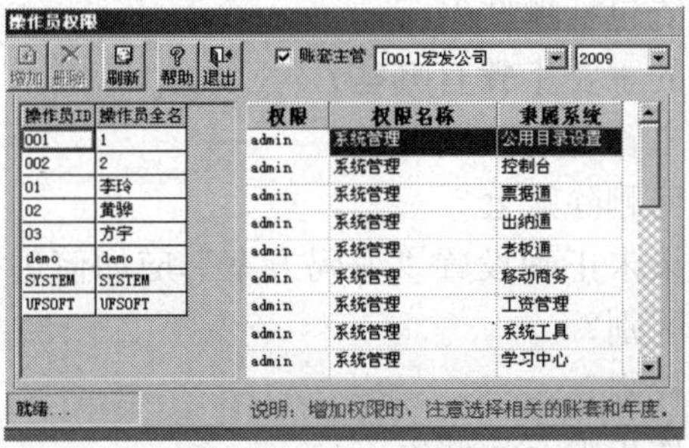

图 2-19　权限设置

提示：

- 只有以系统管理员（Admin）的身份注册才能设置账套主管。如果以账套主管的身份注册，只能分配所辖账套子系统的操作权限。
- 一个账套可以有多个账套主管。
- 如果在建账时已将该操作员设置为账套主管，则该操作员不用再重新定义为账套主管，但可以取消。

（2）设置账套主管。从左侧的“操作员”列表框中选择操作员，从“账套主管”右侧的下拉列表框中选择某一个账套，选择“账套主管”复选框，系统弹出提示信息，单击“是”按钮，则该操作员具有该账套所有子系统的操作权限，如图 2-19 所示。

提示：

- 系统一次只能对一个账套的某一个年度账进行分配。
- 正在使用的操作员权限均不能进行修改、删除的操作。

（3）增加或修改操作员权限。从左侧的“操作员”列表框中选择操作员，单击“增加”按钮后，系统弹出“增加权限”界面，如图 2-20 所示。在右列表框中双击需赋予的权限项，使之变蓝色，即可满足要求。例如宏发公司为出纳老黄设置操作权限，在“操作员权限”对话框中，单击左列表框中的“GL 总账”系统。根据业务资料需要，在右列表框中双击相应的出纳权限，使之变蓝色即可。

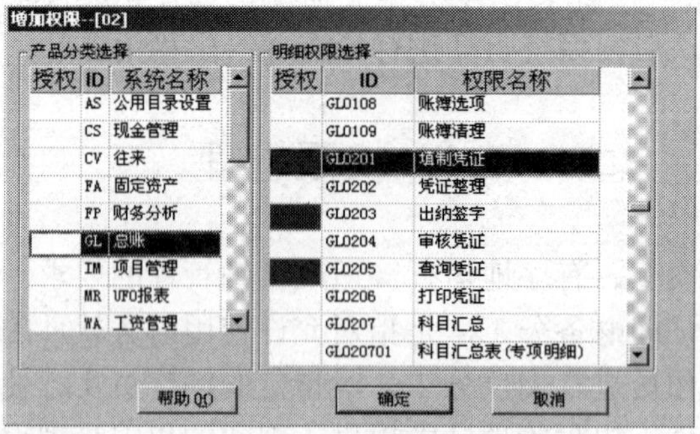

图 2-20　增加和调整操作员权限

思考题

1. 系统管理的主要功能包括哪些？
2. 建立企业核算账套的主要步骤有哪些？
3. 系统管理员和账套主管有何区别？
4. 如何备份账套？如何删除账套？
5. 在建立账套时，如果未正确设置“编码方案”应如何进行修改？
6. 年度账和账套有何区别？
7. 如何为操作员赋予权限？
8. 设置备份计划的操作步骤有哪些？

第 3 章　基础设置

一个账套是由总账、工资、固定资产和购销存等若干个子系统构成的，这些子系统共享公用的基础信息，基础信息是系统运行的基石。在运行各个系统之前应首先进行系统启用的操作，在启用新账套之始，应根据企业的实际情况，结合系统基础信息设置的要求，事先作好基础数据的准备工作，这样可使各个系统的日常操作顺利进行。

由于企业基础数据之间存在前后承接关系（如必须在设置客户分类的基础上再设置客户档案），因此，基础档案的设置应遵从一定的顺序，如图 3-1 所示。明确了基础数据之间的关联，可以使得基础档案的设置顺利进行。图中未列出的项目，不存在先后顺序问题。

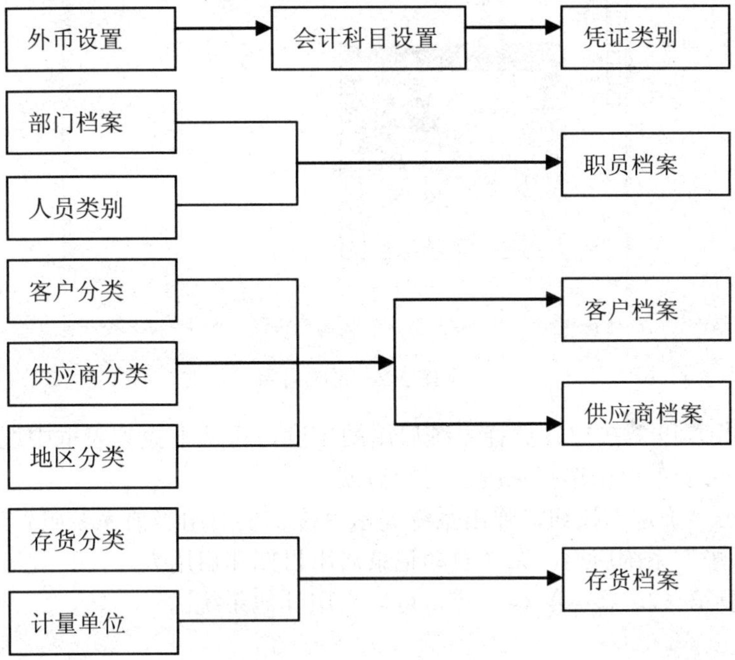

图 3-1　基础档案的设置顺序

3.1　基础档案

3.1.1　系统启用

系统启用是指设定在用友通应用系统中各个子系统开始使用的日期。只有启用后的子系统才能进行登录。系统启用有两种方法。

方法一：在系统管理中创建账套时启用系统。当用户创建一个新的账套完成后，系统弹出提示信息，可以选择立即进行系统启用设置。

方法二：在系统管理中单独启用系统。如果在建立账套时未设置系统启用，也可以在事后系统管理中进行设置。

例 3-1：宏发电脑公司的财务主管李玲进入系统管理，启用“总账”系统，启用日期为“2009 年 1 月 1 日”。

操作步骤：

（1）在系统管理中，选择“账套”|“启用”命令，打开“系统启用”对话框。系统启用界面列出用友 T3 全部子系统。

（2）启用“总账”系统。单击“总账”系统前的复选框，弹出“日历”对话框，如图 3-2 所示。

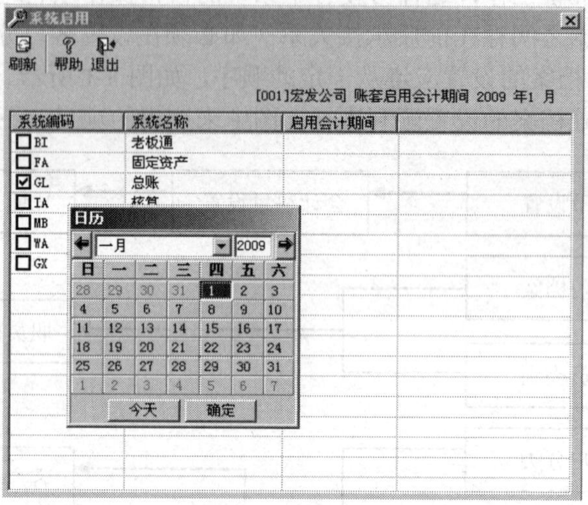

图 3-2　系统启用

（3）单击←和→按钮，选择系统启用的年度，再从下拉列表框中选择系统启用的月份，最后从日历表中单击选择系统启用的日期。

（4）单击“确定”按钮，弹出系统提示“确实要启用当前系统吗？”，单击“是”按钮，完成“总账”系统启用，系统自动记录启用日期和启用人。

（5）重复第（2）步~第（4）步，可以启用其他系统。

提示：

- 只有账套主管才有系统启用权限。
- 各系统的启用时间必须大于等于账套的启用时间。通常固定资产、工资等系统的启用时间必须大于等于总账的启用时间。
- 启用存货系统必须先启用购销存系统。

3.1.2　基础档案

启用相关的系统后，下一步就进入到用友通应用界面中，进行基础档案的设置工作。

设置基础档案之前应首先确定基础档案的分类编码方案，基础档案的设置必须遵循分类编码方案中的级次和各级编码长度的设定。

以下分别说明部分基础档案的设置。

1. 部门档案

部门指某使用单位所具有的分别进行财务核算或业务管理要求的单元体，不一定与企业实际的职能部门相对应。部门档案用于设置部门相关信息，包括部门编码、名称、负责人和部门属性等。其中在录入部门档案前，应首先要根据企业组织结构确定编码方案，然后根据编码方案给各个部门编码。

例 3-2：2009 年 1 月 8 日，以账套主管“01 李玲”的身份设置 001 账套的部门档案。宏发电脑公司（001 账套）的部门档案资料，如表 3-1 所示。

表 3-1　部门档案

部门编码	部门名称
01	行政部
02	财务部
03	销售部
04	采购部

操作步骤：

（1）选择“开始”|“程序”|“用友 T3 系列管理软件”|“用友 T3”|“用友 T3”命令，打开“注册〖注册控制〗”对话框。

（2）在“用户名”文本框中输入“01”，在“密码”文本框中输入“11”，在“账套”下拉列表框中选择“〔001 宏发电脑公司账套〕”选项，确认操作日期为“2009-01-01”，如图 3-3 所示。

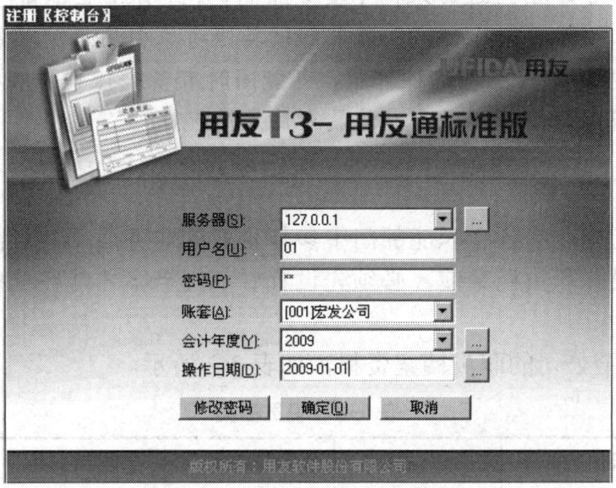

图 3-3　注册进入用友通系统

（3）选择“基础设置”|“机构设置”|“部门档案”命令，打开“部门档案”窗口。

（4）单击“增加”按钮，在右窗口的“部门编码”、“部门名称”文本框中分别输入文本“01”和“行政部”，如图 3-4 所示。

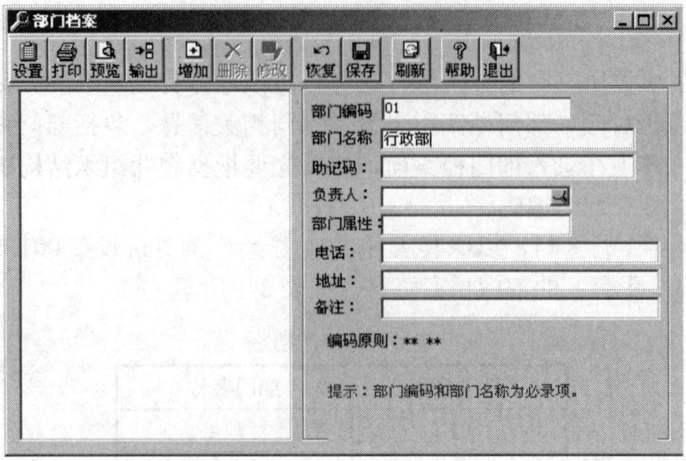

图 3-4　部门档案

（5）单击“保存”按钮。

（6）按以上操作方法增加其他的部门档案。

提示：

- 如果部门档案分为多级，则在录入部门档案时，首先要录入上级部门，然后才能录入下级部门。
- “修改部门档案”：在部门档案界面左边，将光标定位到要修改的部门上，单击“修改”按钮。这时界面即处于修改状态。除部门编号不能修改，其他信息均可修改。
- “删除部门”：单击左边目录树中要删除的部门，背景显示蓝色表示选中，单击“删除”按钮，即可删除此部门。若部门被其他对象引用后就不能被删除。
- “刷新档案记录”：在网络操作中，可能同时有多个操作员在操作相同的目录。可以单击“刷新”按钮，查看当前最新目录情况。

2. 职员档案

这里的职员是指企业的各个职能部门中参与企业的业务活动，且需要对其进行核算和业务管理的职员。设置职员档案前，必须先设置好部门档案才能在这些部门下设置相应的人员档案。

例 3-3：宏发电脑公司的职员档案资料，如表 3-2 所示。

表 3-2　职员档案

部门编码	部门名称	职员编码	职员名称
1	行政部	1001	陈宇清
2	财务部	2001	李玲
		2002	黄骅
		2003	方宇
3	销售部	3001	王丽
4	采购部	4001	严冰

操作步骤：

（1）选择“基础设置”|“机构设置”|“职员档案”命令，打开“职员档案”窗口。

（2）输入职员编码为“1001”、职员名称为“陈宇清”、选择“所属部门”为“行政部”，如图 3-5 所示。

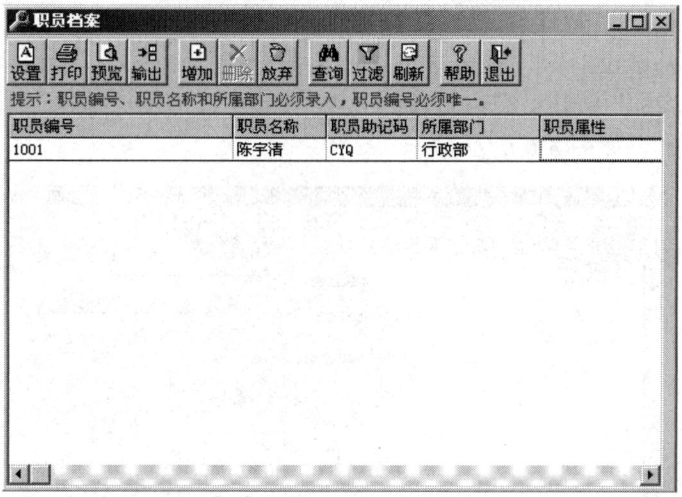

图 3-5　职员档案

（3）按回车键，增加新的空白行。

（4）继续增加其他人员。操作方法同第（2）～第（3）步。

对话框中各选项的意义如下：

- “职员编号”：必须录入，必须惟一。
- “职员名称”：必须录入，可以重复。
- “所属部门”：输入该职员所属的行政部门，参照部门档案。
- “职员属性”：填写职员是属于采购员、库房管理人员还是销售人员等人员属性，可不录入。

若修改人员档案，进入“职员档案”窗口，单击需要修改的信息，即可进入修改状态进行修改，人员编号不可修改。

若删除人员档案，进入“职员档案”窗口，在人员列表中选择要删除的人员，单击“删除”按钮，即可删除职员档案，已经被单据引用的人员不能删除。

3. 供应商及客户分类

企业可以从自身管理要求出发对供应商、客户进行相应的分类，以便于对业务数据的统计和分析。如可以按照行业或地区对供应商、客户进行划分。建立起供应商、客户分类后，必须将供应商、客户设置在最末级的分类之下。如果在建账时选择了供应商分类、客户分类，就必须先建立供应商、客户分类，再增加供应商、客户档案；若对供应商、客户没有进行分类管理的需求，可以直接建立供应商档案和客户档案。

例 3-4：宏发电脑公司在进行经济业务处理时，需要对客户进行分类，不需要对供应商进行分类。客户分类资料见表 3-3。

表 3-3 客户分类

类别编码	类别名称
01	本市
02	外地

操作步骤：

（1）选择“基础设置”|“往来单位”|“客户分类”命令，进入“客户分类”窗口。

（2）单击“增加”按钮，在右窗口的“类别编码”、“类别名称”文本框中分别输入文本“01”和“本市”，如图 3-6 所示。

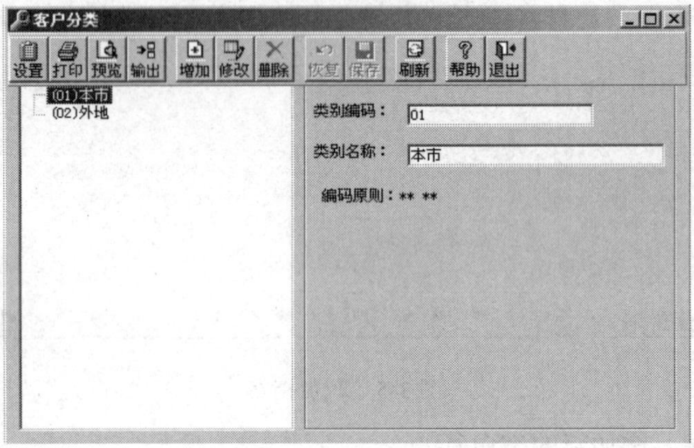

图 3-6 客户分类

对话框中各选项的意义如下：

- “类别编码”：客户的类别编码是系统识别不同客户的惟一标志，所以编码必须惟一，不能重复或修改。
- “类别名称”：客户的类别名称是用户对客户的信息描述，可以是汉字或英文字母，不能为空。

提示：

- 新增的客户分类的分类编码必须与“编码原则”中设定的编码级次结构相符。
- 客户分类必须逐级增加。

（3）单击“保存”按钮。

（4）重复第（2）～第（3）步，增加其他分类。

若修改客户分类，选择要修改的供应商分类，单击“修改”按钮，注意这时只能修改类别名称，类别编码不可修改。

若删除客户分类，将光标移到要删除的客户分类上，单击“删除”按钮，即可删除当前分类，已经使用的客户分类不能删除。非末级客户分类不能删除。

供应商分类的增加、修改和删除与客户分类类似，在这里不再赘述。

4. 供应商及客户档案

供应商（客户）档案要用于设置往来供应商（客户）的档案信息，以便于对供应商（客户）资料管理和业务数据的录入、统计和分析。如果在建立账套时选择了供应商（客户）分类，则必须在设置完成供应商（客户）分类档案的情况下才能编辑供应商（客户）档案。

建立供应商（客户）档案主要是为企业的采购管理（销售管理）、库存管理、应付（应收）账管理和总账的辅助核算服务的。在填制辅助核算凭证、采购入库单（销售出库单）、采购发票（销售发票）和有关供（购）货单位统计时都会用到供应商（客户）档案，因此必须应先设立供应商（客户）档案，以便减少工作差错。在输入单据时，如果单据上的供（购）货单位不在供应商（客户）档案中，则必须在此建立该供应商（客户）的档案。

新增客户档案，下面以客户档案为例说明具体的操作。

例 3-5：宏发客户档案，如表 3-4 所示。

表 3-4 客户档案

编号	名 称
01001	北京西单商场
01002	北京三立公司
02001	上海爱尔公司

操作步骤：

（1）选择“基础设置”|“往来单位”|“客户档案”命令，进入“客户档案”设置窗口（如果对客户进行分类，左窗口将显示已设置的客户分类，否则不显示）。

（2）选中客户分类中的“本市”类。然后增加“北京西单商场”。单击“增加”按钮，打开“客户档案卡片”对话框。在“客户编码”、“客户名称”和“客户简称”文本框中分别输入文本“001”、“北京西单商场”和“西单商场”，如图 3-7 所示（蓝色字段为必输项，其他信息自行选择输入）。然后单击“保存”按钮。

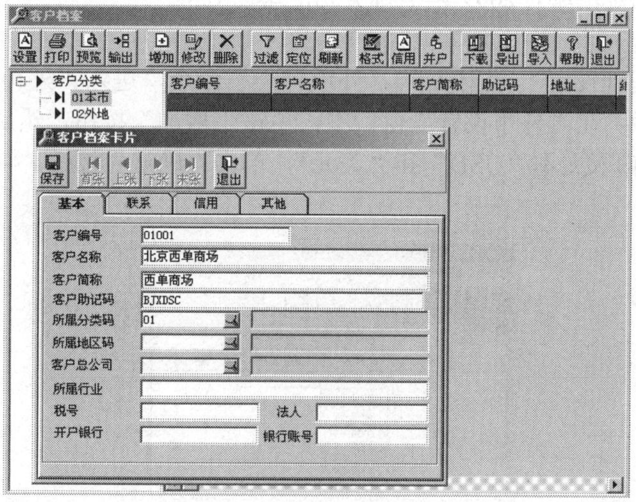

图 3-7 客户档案-1

（3）重复第（1）~（2）步操作，在“客户档案卡片”对话框中增加其他客户档案，结果如图 3-8 所示。

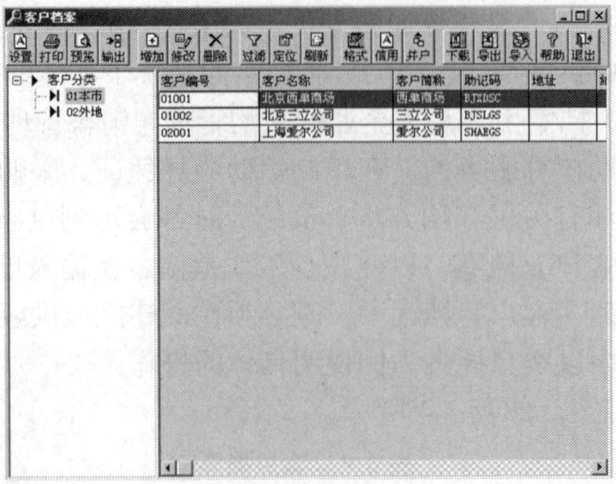

图 3-8 客户档案-2

3.1.3 外币设置

如果企业的业务还需要用外币进行核算，那么在填制凭证处理业务中所用的汇率应先在基础档案的外币设置中进行定义，以便制单时调用，减少录入汇率的次数和差错。当汇率变化时，也应预先在此进行定义，否则，制单时不能正确录入汇率。

对于使用固定汇率（即使用月初或年初汇率）作为记账汇率的用户，在填制每月的凭证前，应预先在此录入该月的记账汇率，否则在填制该月外币凭证时，将会出现汇率为零的错误。对于使用变动汇率（即使用当日汇率）作为记账汇率的用户，在填制该天的凭证前，应预先在此录入该天的记账汇率。

例 3-6：宏发电脑公司使用美元进行业务核算，在“外币设置”中增加币种“美元”，币符为“USD”，固定汇率，2009 年 1 月美元汇率为 6.8。

操作步骤：

（1）选择“基础设置”|“财务”|“外币种类”命令，进入“外币设置”窗口。

（2）增加币种。在“外币设置”窗口中，单击“增加”按钮，然后在“币符”及“币名”文本框中分别输入文本“USD”和“美元”，单击“确认”按钮，将输入内容保存，如图 3-9 所示。

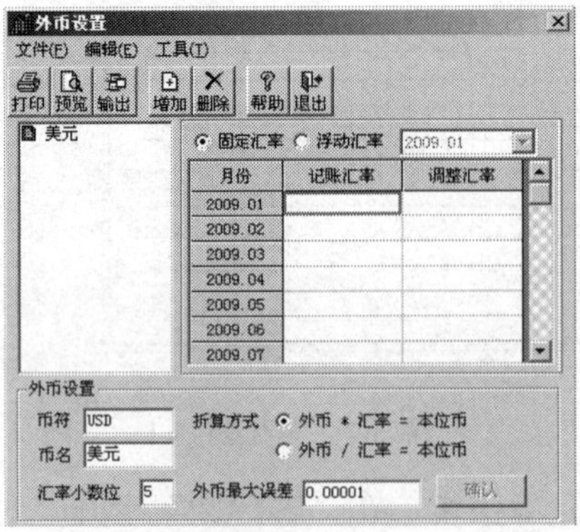

图 3-9 外币设置

（3）输入汇率。在“外币设置”窗口中，选中左栏中的“美元”币种，单击“固定汇率”单选按钮，在“月份”为“2009.01”的“记账汇率”栏目中输入“6.8”，如图 3-10 所示。

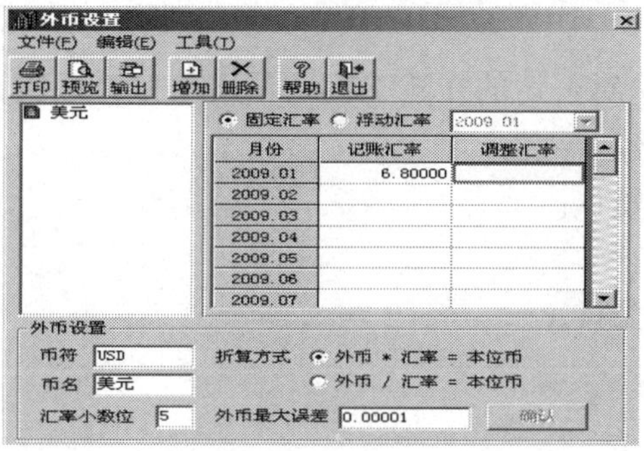

图 3-10　输入汇率

对话框中各选项的意义如下：

- “币符”及“币名”：所定义外币的符号及其名称，如美元，其币符可以定义为 US$，名称定义为美元，币符为必输项。
- “汇率小数位”：定义外币的汇率小数位数，系统默认为 5 位。
- “折算方式”：分为直接汇率与间接汇率两种，用户可以根据外币的使用情况选定汇率的折算方式。直接汇率即“外币*汇率=本位币”，间接汇率即“外币 / 汇率=本位币”。
- “外币最大误差”：在记账时，如果外币*（或 / ）汇率－本位币＞最大折算误差，则系统给予提示，系统默认最大折算误差为 0.00001，即不相等时就提示，如果用户希望在制单时不提供最大折算误差提示，可以将最大折算误差设为一个比较大的数值，如 1000000 即可。
- “固定汇率”与“浮动汇率”：选择“固定汇率”单选项，即可录入各月的月初汇率，选择“浮动汇率”单选项即可录入所选月份的各日汇率。
- “记账汇率”：在平时制单时，系统自动显示此汇率，如果用户使用固定汇率（月初汇率），则记账汇率必须输入，否则制单时汇率为 0。
- “调整汇率”：即月末汇率。在期末计算汇兑损益时用，平时可不输，等期末可输入期末时汇率，用于计算汇兑损益，本汇率不作其他用途。

提示：

- 此处仅供用户录入固定汇率与浮动汇率，并不决定在制单时使用固定汇率还是浮动汇率。
- 在总账模块的“选项”中，“汇率方式”的设置决定制单使用固定汇率还是浮动汇率。

3.1.4　项目管理

一个单位项目核算的种类可能多种多样，比如说，在建工程、对外投资、技术改造、融资成本、在产品成本、课题、合同订单……，为此应允许企业定义多个种类的项目核算，因此，可以将具有相同特性的一类项目定义成一个项目大类。一个项目大类可以核算多个项目，为了便于管理，还可以对这些项目进行分类管理。

在设置项目管理时要设置好项目管理核算科目，例如：在建工程（1604）设置为项目核算科目。

例 3-7：宏发电脑公司对公司的在建工程均使用项目管理核算。

项目大类名称为“在建工程”；

定义项目级次为系统默认；

项目栏目为默认；

项目分类定义：1 办公楼；

项目档案：A 楼。

操作步骤：

（1） 选择“基础设置”|“财务”|“项目目录”命令，进入“项目档案”窗口。

（2） 增加项目大类。在“项目档案”窗口中，单击“增加”按钮，然后在“新项目大类名称”文本框中输入文本“在建工程”，单击“下一步”按钮，进入定义项目级次，如图 3-11 所示。

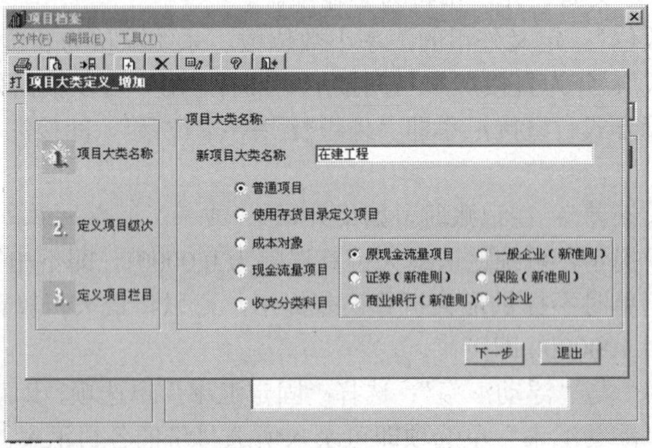

图 3-11 增加项目大类-1

（3） 项目级次为系统默认，单击“下一步”按钮进入“项目栏目”窗口，如图 3-12 所示。

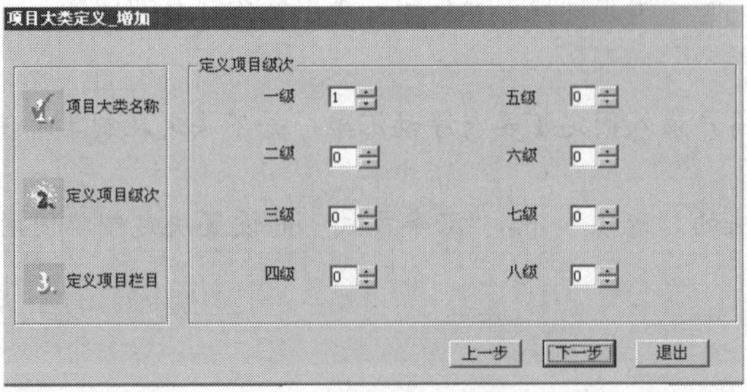

图 3-12 增加项目大类-2

（4）　项目栏目为系统默认，单击“完成”按钮完成项目大类的定义，如图 3-13 所示。

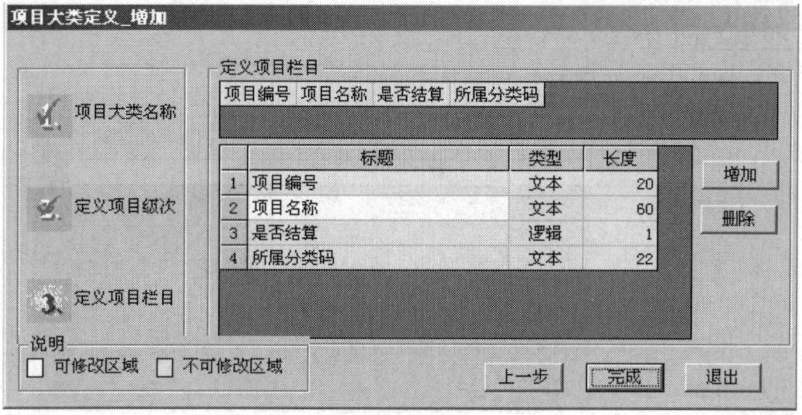

图 3-13　增加项目大类-3

（5）　单击“项目档案”界面的“项目分类定义”按钮，单击“增加”按钮，然后在“分类编码”及“分类名称”文本框中分别输入文本“1”和“办公楼”，单击“确定”按钮，将输入内容保存，如图 3-14 所示。

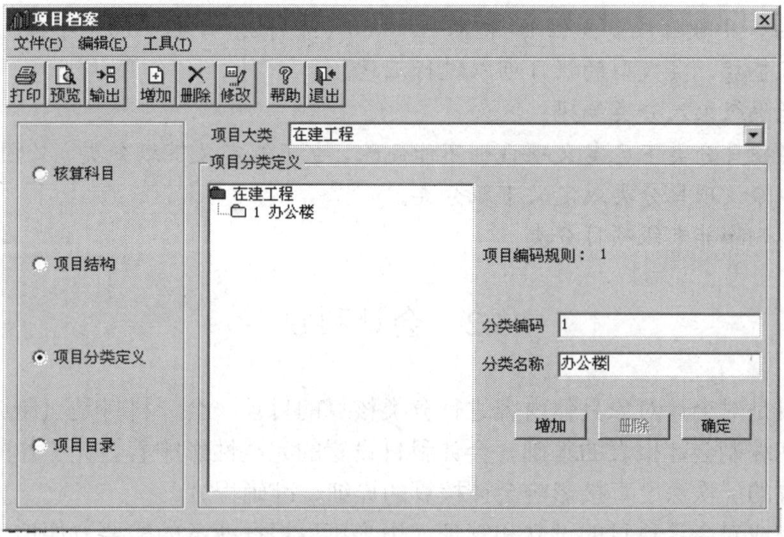

图 3-14　增加项目档案-4

（6）　单击“项目档案”界面的“项目目录”单选项，单击“维护”按钮，进入项目档案维护界面，然后在“项目编号”、“项目名称”及“所属分类码”文本框中分别输入文本“01”、“A 楼”和“1”，单击回车键，将输入内容保存，单击“退出”按钮，完成项目档案录入，如图 3-15 所示。

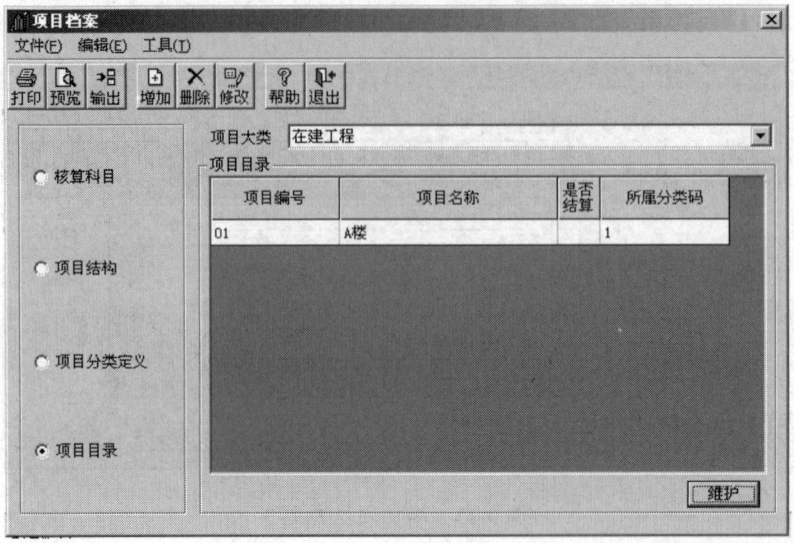

图 3-15 增加项目档案-5

提示：

- 各数据类型的长度允许用户定义的范围为：整数—1～9；实数—1～16.9（总长 16 位，小数位最多 9 位）；文本—1～60（字符）；日期—10（字符）。
- 只有整数、实数型的栏目可以进行汇总。
- 不能隔级录入分类编码。
- 若某项目分类下已定义项目则不能删除，也不能定义下级分类，必须先删除项目，再删除该项目分类或定义下级分类。
- 不能删除非末级项目分类。

3.2 会计科目

会计科目是对会计对象具体内容进行分类核算的目录。会计科目是填制会计凭证、登记会计账簿和编制会计报表的基础。会计科目设置的完整性影响着会计工作的顺利实施，会计科目设置的层次深度直接影响会计核算的详细、准确程度。

本功能完成对会计科目的设立和管理，用户可以根据业务的需要方便地增加、插入、修改、查询和打印会计科目。

3.2.1 设置会计科目的原则

财务软件中所采用的一级会计科目，必须符合国家会计制度的规定，而明细科目，各使用单位则可根据实际情况，在满足核算和管理要求以及报表数据来源的基础上，自行设定。具体设置原则如下：

- 会计科目的设置必须满足会计核算与宏观管理和微观管理的要求，在会计核算时资产、负债、所有者权益、成本和损益等各类科目中所有可能用到的各级明细科目均需设置。

- 会计科目的设置必须满足编制财务会计报告的要求，凡是报表所用数据，需要从总账系统中取数的，必须设立相应的科目。
- 会计科目的设置必须保持科目与科目间的协调性和体系完整性。不能只有下级科目，而没有上级科目，既要设置总账科目又要设置明细科目，用来提供总括和详细的会计核算资料。
- 会计科目要保持相对稳定，会计年中不能删除。会计科目名称的设置，一级会计科目名称按国家会计制度的规定，明细科目的名称要通俗易懂，具有普遍的适用性。
- 设置会计科目要考虑到与子系统的衔接。因为，在总账系统中，只有末级会计科目才允许有发生额，才能接收各个子系统转入的数据，因此，要将各个子系统中的核算大类设置为末级科目。

为了满足企业对某些具体会计业务的核算和管理，企业除了完成一般的总账和明细账核算设置外，还可以设置辅助核算，以更灵活多变的辅助核算形式和统计方法为管理者提供准确、全面的会计信息。辅助账主要包括数量核算、外币核算、个人往来核算、客户与供应商往来核算、部门核算和项目核算等。

在建立会计科目时，对有辅助核算要求的科目，需要设置相应的辅助核算标识，以便在输入凭证时，系统根据辅助账标识，输入相应的附加业务信息。

通常管理费用可设为部门核算，生产成本可设为项目核算，应收账款可设为客户往来核算，应付账款可设为供应商往来核算。

在建立会计科目时，输入的基本内容包括会计科目编码、科目名称、科目类型和辅助账标识等项目。

- 会计科目编码：一级科目编码按财政部规定，明细科目编码按照参数设置中对科目编码级次和级长的规定进行设置。通常的方法是同级科目按顺序排列，以序号作为本级科目编码，加上上级科目编码，组成本级科目全编码。
- 会计科目名称：会计科目名称是指会计科目的汉字名称。科目汉字名称是证、账和表上显示及打印的标志，是企业与外部交流信息所使用的标志。输入科目名称时尽量避免重名，以免影响科目运用地准确性。
- 科目类型：按会计科目性质对会计科目进行划分，按照会计制度规定，科目类型分为资产、负债、所有者权益、成本和损益五大类。
- 账页格式：规定每个科目的会计账页格式，账页格式一般有金额式、外币金额式、数量金额式和数量外币式等种类。
- 辅助账类：辅助账标识一般要求设在最底层的科目上，但为了查询或出账方便，其上级也可以设账类。辅助账一经定义并已使用，则不要进行随意修改，以免造成账簿数据的混乱。

3.2.2　增加会计科目

如果用户需建立的会计科目体系与所选行业标准会计科目基本一致，则可以在建立账套时选择预置标准会计科目，这样在会计科目初始设置时只需对不同的会计科目进行修改，对缺少的会计科目进行增加处理即可。

如果用户需建立的会计科目体系与所选行业标准会计科目相差较多，则可在系统初始设置时选择不预置行业会计科目，这样可以根据自身的需要自行设置全部会计科目。

例 3-8：为宏发电脑公司的会计科目表增加“100201—工行存款”会计科目，账页格式为“外币金额式”，外币核算方式为“美元 USD”，并设置为日记账和银行账科目。

操作步骤：

（1）选择“基础设置”|“财务”|“会计科目”命令，进入“会计科目”设置窗口，如图 3-16 所示。

图 3-16　会计科目

（2）在“会计科目”窗口中，执行“编辑”|“增加”命令，或单击工具栏上的“增加”按钮，或按 F5 键，打开“会计科目_新增”对话框，如图 3-17 所示。

（3）根据业务要求，在有关栏目内输入“100201—工行存款”会计科目相应内容，并正确选择单选项或复选项，如图 3-17 所示，然后，单击“确定”按钮保存。

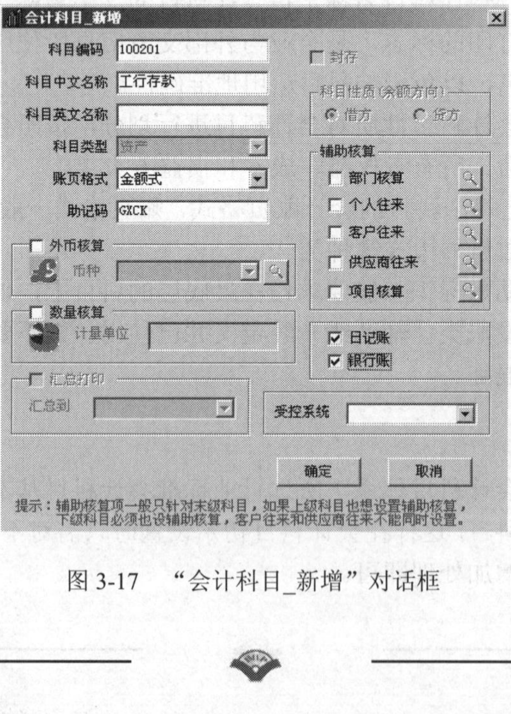

图 3-17　“会计科目_新增”对话框

提示：

- 增加会计科目时，要遵循先建上级再建下级的原则。
- 会计科目编码的长度及每级位数要符合编码规则。
- 编码不能重复。
- 科目已经使用后再增加明细，系统自动将上级科目的数据自动结转到新增加的第一个明细科目上，以保证账账平衡。

3.2.3　复制增加会计科目

为了加快建立会计科目的速度和准确性，系统提供了复制会计科目的功能，可以对下级科目或者同级属性相近的科目进行复制，这样只需稍作改动即可完成增加工作。

例 3-9：宏发电脑公司的会计科目表中已在“6602—管理费用”下增加了“660201—差旅费”，辅助核算为“部门核算”，还要增加和“差旅费”性质相同的“660202—办公费”、“660203—折旧费”。现在利用复制会计科目功能来完成新增会计科目的设置。

操作步骤：

（1）在“会计科目”窗口中，选中被复制的会计科目“660201—差旅费”，执行“编辑”|“复制”命令，或按 Ctrl+I 键，打开“新增会计科目”对话框。

（2）在“新增会计科目”对话框中，修改“科目编码”和“名称”分别为“660202”和“办公费”，单击“确定”按钮保存，如图 3-18 所示。

图 3-18　复制会计科目

（3）重复第（1）～第（2）步，复制增加“660203—折旧费”科目。

3.2.4　批量复制会计科目

如果某一科目的下级与另一个或几个科目的下级内容相同，还可以将某一科目的下级成批复制到另一科目中作为下级，同样地，必要时只需将科目做适当调整即可。

例 3-10：宏发电脑公司已增加了“管理费用”及其所有下级科目，现在要增加“销售费用”及其所有下级科目，可以利用批量复制会计科目功能来完成。

操作步骤：

（1）在“会计科目”窗口中，执行“编辑”|“成批复制”命令，打开“成批复制”对话框。

（2）在“成批复制”对话框中输入源科目编码“6602”和目标科目编码“6601”，并选择“辅助核算”选项，然后单击“确认”按钮保存，如图 3-19 所示。

图 3-19 成批复制会计科目

提示：

- 源科目与目标科目的级次必须相同。
- 源科目的级次必须是非末级。
- 目标科目的级次必须为末级。
- 如果需要将源科目的核算形式一起复制过去，应选中相应的核算形式，否则，不能复制核算形式。

3.2.5 修改会计科目

如果需要对原有会计科目的某些项目进行修改，如科目名称、账页格式、辅助核算、汇总打印和封存标识等，可以通过“修改”功能来完成。

例 3-11：将宏发电脑公司会计科目表中的“1604—在建工程”修改为“项目核算”辅助核算。

操作步骤：

（1）在“会计科目”窗口中选择“1604—在建工程”科目，执行“查看”|“修改”命令，或单击工具栏上的“修改”按钮，或双击该科目，打开“会计科目_修改”对话框，如图 3-20 所示。

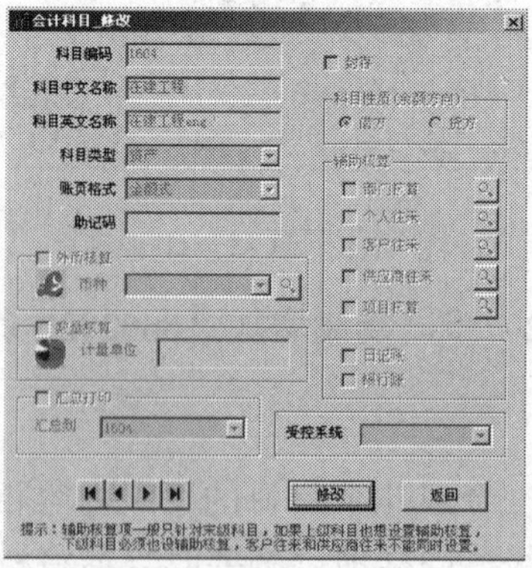

图 3-20 修改会计科目-1

（2）在“会计科目_修改”对话框中，单击“修改”按钮，进入修改状态。

（3）在“辅助核算”选项区域选择“项目核算”复选框，如图 3-21 所示，然后单击“确定”按钮保存。

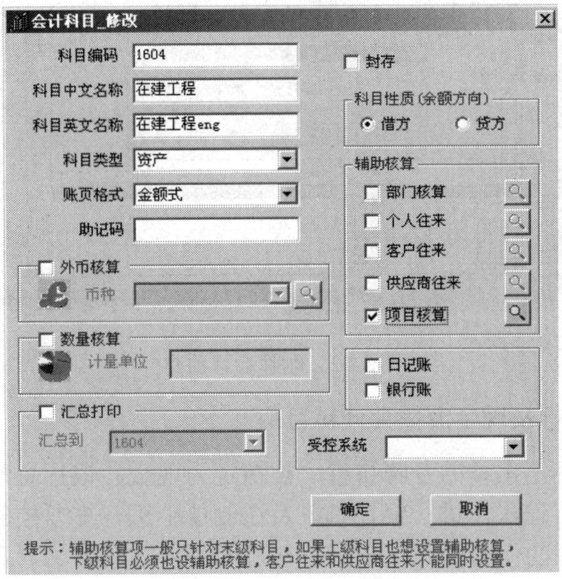

图 3-21　修改会计科目-2

提示：

- 没有会计科目设置权的用户只能在此浏览科目的具体定义，而不能进行修改。
- 已有下级科目，不能修改其编码，应遵循“自下而上”的原则，即先删除下一级科目，然后修改本级科目。
- 已经输入余额的科目，不能修改其编码，必须先删除本级及其下级科目的期初余额（设为 0），才能修改该科目。
- 已有数据的科目不能修改科目的相应属性。

3.2.6　删除会计科目

假设某些科目目前暂时不需用或者不适合企业科目体系的特点，可以将其删除。

例 3-12：将宏发电脑公司会计科目表中的“110110—短期投资_其他”科目删除。

操作步骤：

（1）选择要删除的“1111—买入返售金融资产”科目，执行“编辑”|“删除”命令，或单击工具栏上的“删除”按钮，打开“删除记录”对话框，如图 3-22 所示。

（2）单击“确定”按钮即可将该科目删除。

提示：

- 如果科目已输入期初余额或已制单，则不能删除。
- 被指定为现金银行科目的会计科目不能删除，如想删除必须先取消指定。

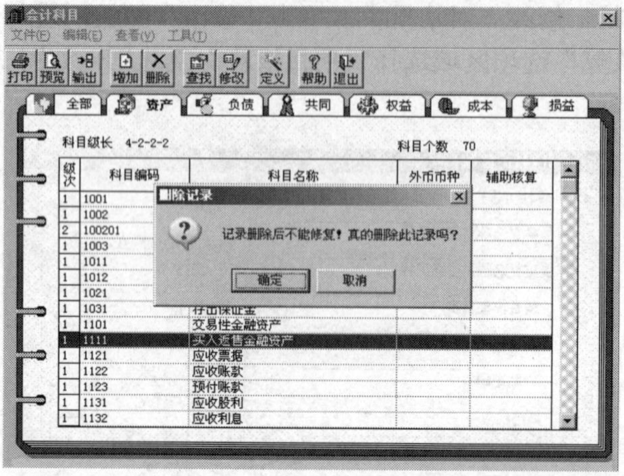

图 3-22　删除会计科目

3.2.7　指定现金、银行及现金流量会计科目

指定会计科目是确定出纳的专管科目。被指定为现金、银行总账科目的在出纳功能中可以查询现金、银行日记账，进行银行对账及在制单中进行支票控制和资金赤字控制。从而实现现金、银行管理的保密性。

一般情况下，现金科目要设为日记账，银行存款科目要设为银行账和日记账。此处指定的现金流量科目供 UFO 编现金流量表时取数函数使用，所以在输入凭证时，对指定的现金流量科目系统自动弹出窗口要求指定当前输入分录的现金流量项目。

例 3-13：根据宏发电脑公司的业务需要，指定“1001—库存现金”为现金总账科目，指定“1002—银行存款”为银行总账科目，指定“1001—库存现金”、“100201—工行存款”和“1012—其他货币资金”科目为现金流量会计科目。

操作步骤：

（1）在“会计科目”窗口中，执行“编辑”|“指定科目”命令，打开“指定科目”对话框。

（2）单击“现金总账科目”单选按钮，在待选科目框中选择“1001—现金”科目，单击“>”按钮或双击该科目，将“1001—现金”科目添加到已选科目框中，如图 3-23 所示。

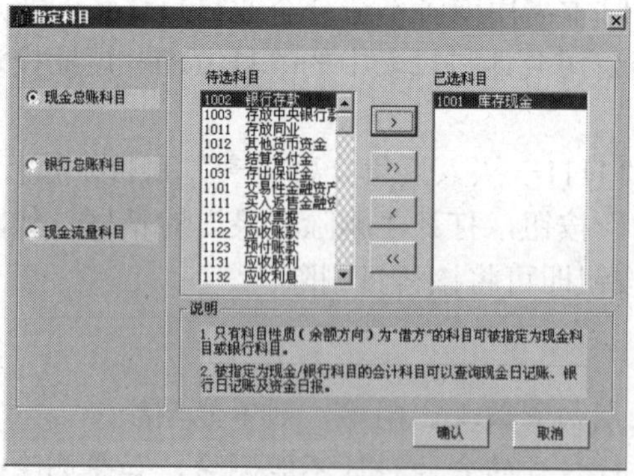

图 3-23　指定现金总账科目

（3）单击“银行总账科目”单选按钮，在待选科目框中选择“1002—银行存款”科目，单击“>”按钮或双击该科目，将“1002—银行存款”科目添加到已选科目框中，如图 3-24 所示。

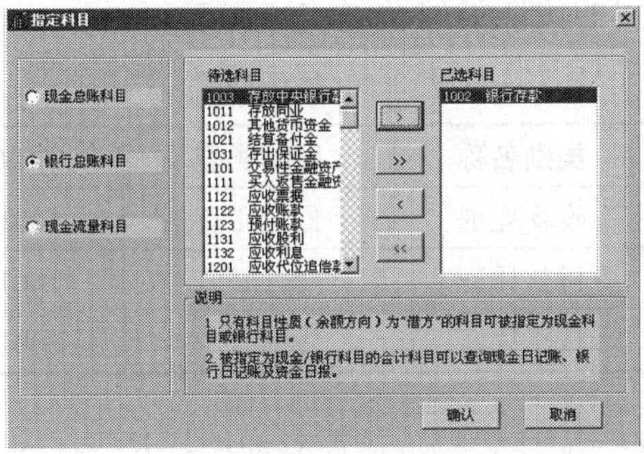

图 3-24　指定银行总账科目

（4）单击“现金流量科目”单选按钮，在待选科目列表框中分别选择“1001—库存现金”、“100201—工行存款”及“1012—其他货币资金”科目，单击“>”按钮或双击该科目，将其添加到已选科目列表框中，如图 3-25 所示。

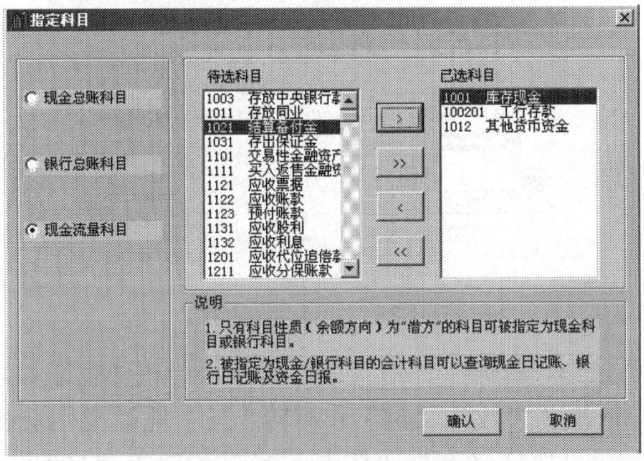

图 3-25　指定现金流量科目

3.2.8　凭证类别

根据企业管理和核算要求，将会计凭证进行分类编制，系统提供了设置凭证类别的功能，以便于管理、记账和汇总。

第一次使用总账系统，首先应正确选择凭证类别的分类方式。

用户完全可以按照本单位的需要对凭证进行分类。如果是第一次进行凭证类别设置，可以按以下几种常用分类方式进行定义。

- 记账凭证。
- 收款凭证、付款凭证和转账凭证。
- 现金凭证、银行凭证和转账凭证。
- 现金收款凭证、现金付款凭证、银行收款凭证、银行付款凭证和转账凭证。

● 自定义。

选择“分类方式”后，可以设置该种凭证的限制条件，以便提高凭证处理的准确性。凭证类别的限制条件是指限制该凭证类别的使用范围。

例 3-14：宏发电脑公司的凭证类型设置，如表 3-5 所示。

表 3-5 凭证种类

类别字	类别名称	限制类型	限制科目
收	收款凭证	借方必有	1001,1002
付	付款凭证	贷方必有	1001,1002
转	转账凭证	凭证必无	1001,1002

操作步骤：

（1）选择“基础设置”|“财务”|“凭证类别”命令，打开“凭证类别预置”对话框。

（2）在“凭证类别预置”对话框中单击“收款凭证 付款凭证 转账凭证”单选按钮，如图 3-26 所示。

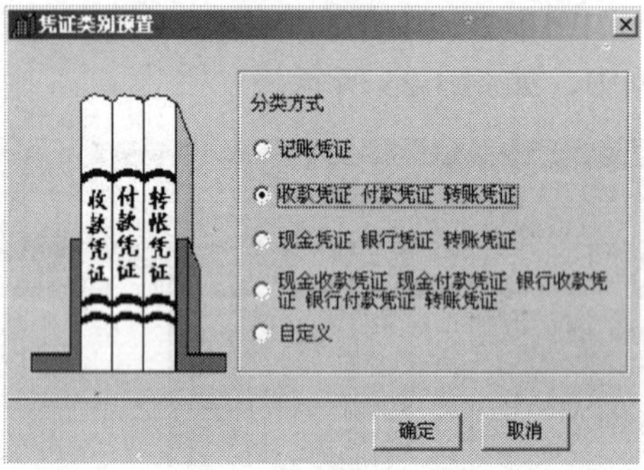

图 3-26 凭证类别预置

（3）单击“确定”按钮，打开“凭证类别”对话框。在“凭证类别”对话框中，在“限制类型”下拉列表框中依次为“收”、“付”和“转”三个凭证类别选择“限制类型”为“借方必有”、“贷方必有”和“凭证必有”，“限制科目”均输入“1001,1002”，结果如图 3-27 所示。

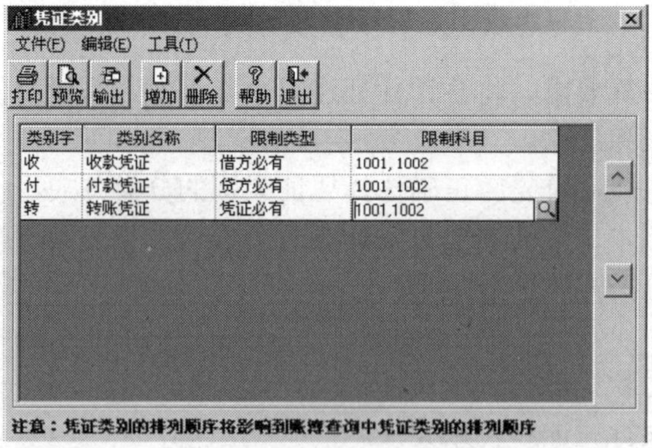

图 3-27 设置凭证类别

提示：

- 若选有科目限制，则至少要输入一个限制科目；若限制类型选择为“无限制”，则不能输入限制科目。
- 若限制科目为非末级科目，则在制单时，其所有下级科目都将受到同样的限制。
- 已使用的凭证类别不能删除，也不能修改类别字。
- 输入多个限制科目时，科目之间必须用半角逗号分割，否则会出现错误信息。

3.2.9　结算方式

为便于管理和提高银行对账的效率，提供了设置银行结算方式的功能，用来建立和管理用户在经营活动中所涉及到的结算方式，以便进行银行对账。它与财务结算方式一致，如现金结算和支票结算等。

结算方式设置主要内容包括：结算方式编码、结算方式名称和票据管理标志等。

- 结算方式编码：用以标识某结算方式。用户必须按照结算方式编码级次的先后顺序进行输入，输入值必须惟一。
- 结算方式名称：是指其汉字名称，用于显示输出。用户根据企业的实际情况，必须输入所用结算方式的名称，输入值必须惟一。
- 票据管理标志：票据管理标志是为出纳对银行结算票据的管理而设置的功能，类似于手工系统中的支票登记簿的管理方式。用户可根据实际情况，选择该结算方式下的票据是否要进行票据管理。

例 3-15：宏发电脑公司的结算方式设置，如表 3-6 所示。

表 3-6　结算方式

结算方式名称	结算方式编码	是否票据管理
现金	1	否
支票	2	是
现金支票	21	是
转帐支票	22	是

操作步骤：

（1）选择“基础设置”|“收付结算”|“结算方式”命令，打开“结算方式”窗口。

（2）单击工具栏上的“增加”按钮，如图 3-28 所示，输入结算方式编码“1”、结算方式名称“现金”，单击“保存”按钮，保存设置。

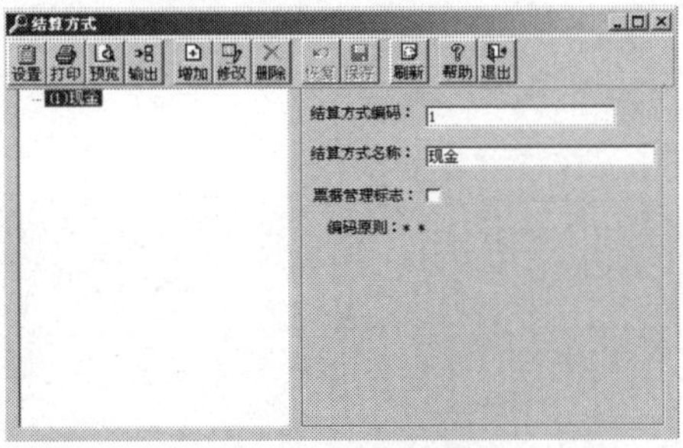

图 3-28　结算方式-1

（3）重复步骤（2），增加“支票”及其下属结算方式，选择“票据管理标志”复选框，单击“保存”按钮，结果如图 3-29 所示。

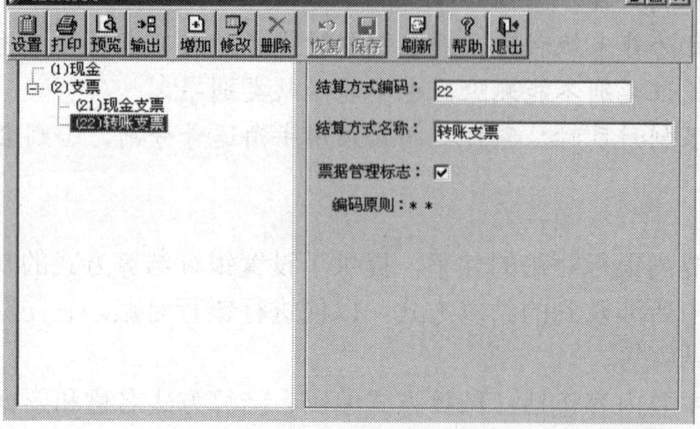

图 3-29　结算方式-2

提示：

- 结算方式最多可以分为 2 级。

如果要修改或删除某种结算方式，单击工具栏上的“修改”或“删除”按钮即可，结算方式一旦被引用，便不能进行修改和删除的操作。

思考题

1. 应如何进行“系统启用”的操作？
2. 设置基础档案的重要意义？
3. 设置会计科目的基本原则？
4. 如何根据企业管理需求设置科目辅助核算？
5. 指定科目有何作用？
6. 如何设置凭证类别？

第 4 章　总账管理

总账系统的任务就是利用建立的会计科目体系，输入和处理各种记账凭证，完成记账、结账以及对账工作，输出各种总分类账、日记账、明细账和有关辅助账。

本章重点：

- 录入余额的方法
- 填制凭证的方法
- 审核凭证的方法
- 记账的方法
- 错误凭证的修改方法

4.1　总账系统概述

用友通总账系统适用于各类企事业单位。主要提供凭证处理、账簿处理、出纳管理和期末转账等基本核算功能，并提供个人、部门、客户、供应商、项目核算和备查簿等辅助管理功能。在业务处理的过程中，可随时查询包含未记账凭证的所有账表，充分满足管理者对信息及时性的要求。

4.1.1　总账系统的主要功能

用友通总账系统功能主要包括系统设置、凭证处理、出纳管理、账表管理、综合辅助账和期末处理等模块。模块结构图如图 4-1 所示。

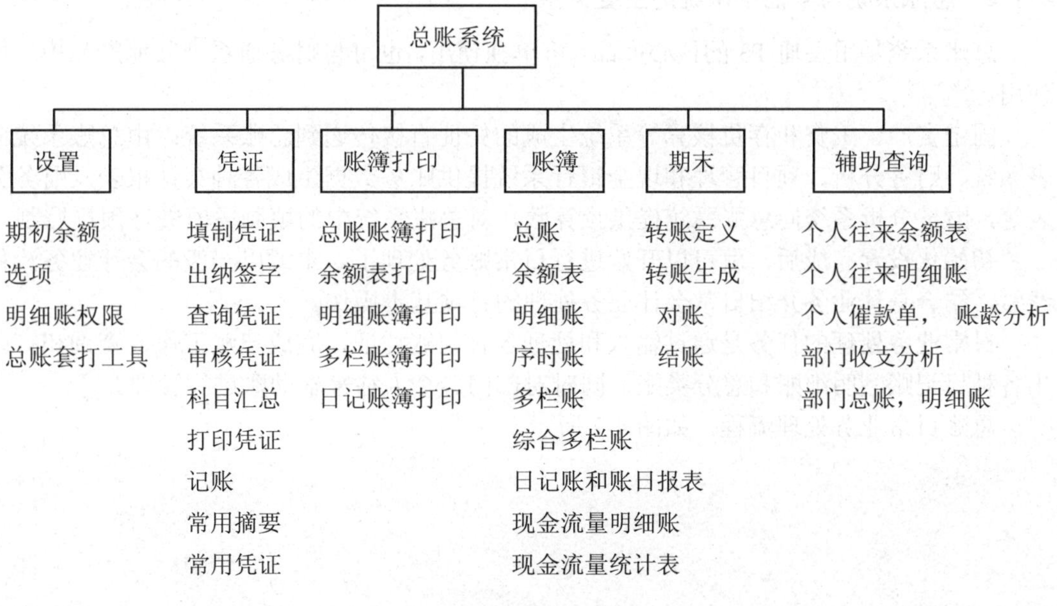

图 4-1　总账系统模块结构图

1. 系统设置

通过严密的制单控制保证填制凭证的正确性。提供资金赤字控制、支票控制、预算控制、外币折算误差控制以及查看科目最新余额等功能，加强对发生业务的及时管理和控制。制单赤字控制可控制出纳科目、个人往来科目、客户往来科目和供应商往来科目，并且录入期初余额。

2. 凭证处理

输入、修改和删除凭证，对机内凭证进行审核、查询、汇总和打印。根据记账凭证登记明细账、日记账和总分类账。

3. 账簿管理

提供按多种条件查询总账、日记账、明细账和多栏账等，具有总账、明细账和凭证联查功能，月末打印正式账簿。

4. 账簿打印

对余额表、总账、日记账、明细账和多栏账等各种账簿进行打印设置及打印。

5. 辅助查询

用于综合查询科目辅助明细账、个人账和部门账等。

6. 期末处理

自动完成月末分摊、计提、对应转账、销售成本、汇兑损益和期间损益结转等业务。进行试算平衡、对账、结账和生成月末工作报告。

4.1.2 总账系统与其他子系统的主要关系

总账系统是用友通 T3 的核心产品，可单独使用，也可与财务通系列其他产品模块同时使用。

固定资产、工资和存货核算等系统生成的凭证直接传递到总账系统；由总账系统向报表系统、财务分析、项目管理和现金银行系统提供账务数据生成各种会计报表及财务分析表等，财务分析系统向总账系统提供预算数，对总账系统中的填制凭证进行预算控制。

初始化设置完成后，就可以开始进行日常账务处理了。本章以一般的会计业务流程为线索，结合具体业务介绍日常会计业务处理的各项基本操作。

日常业务处理的任务是通过输入和处理各种记账凭证，完成记账工作，查询和打印输出各种日记账、明细账和总分类账，同时对部门、个人往来辅助账进行管理。

总账日常业务处理流程，如图 4-2 所示。

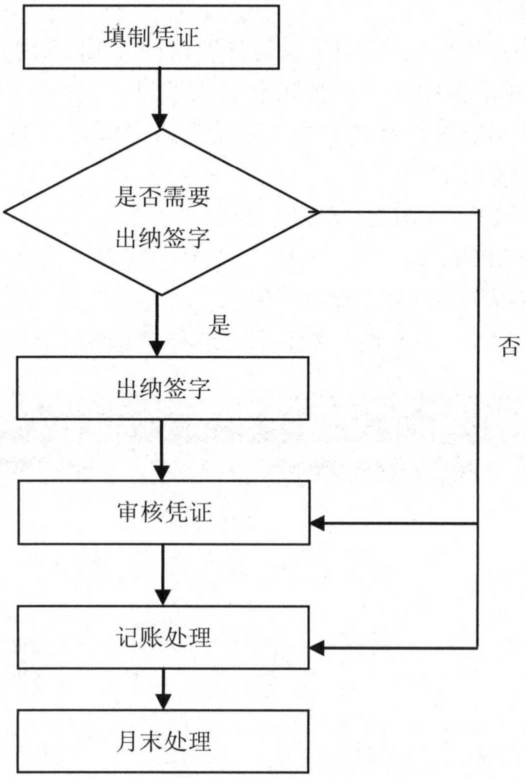

图 4-2　总账日常业务处理流程图

4.2　系统初始化

总账设置是应用总账系统的基础工作，在此将结合企业的实际情况，将一个通用的总账系统改造为适合本企业核算要求的“专用总账系统”。总账系统初始设置，包括凭证、账簿、会计日历、金额权限设置和分配、数据权限设置和分配、总账套打设置和账簿清理等。本节将结合有关会计资料阐述总账系统的初始化处理过程。

4.2.1　设置系统参数

在首次启动总账系统时，需要确定反映总账系统核算要求的各种参数，使得通用总账系统适用于本单位的具体核算要求。总账系统的业务参数将决定总账系统的输入控制、处理方式、数据流向和输出格式等，设定后一般不能随意更改。

使用总账系统需要先启动总账系统程序，然后录入有关操作员、密码、账套和操作日期等信息。

例 4-1：进入宏发电脑公司（001）账套总账系统。

总账系统启动后，系统内预设了一系列总账系统业务处理控制开关和流程选项，用户可根据企业的具体需要进行更改。

操作步骤：

（1）选择“开始”｜“程序”｜“用友 T3 系列管理软件”｜“用友 T3”｜“用友 T3”命令，在“注册”对话框中录入各种账套登录信息。

（2）在“用户名”文本框中录入“姓名”为“李玲”或“编号”为“01”。

（3）在“密码”文本框中输入 11。

（4）在“账套”文本框中选择“001 宏发电脑公司”。

（5）选择“会计年度”为 2009。

（6）在“操作日期”文本框中输入“2009-01-01”。

（7）单击“确定”按钮。进入“用友通”界面后，选择“总账”选项，如图 4-3 所示。

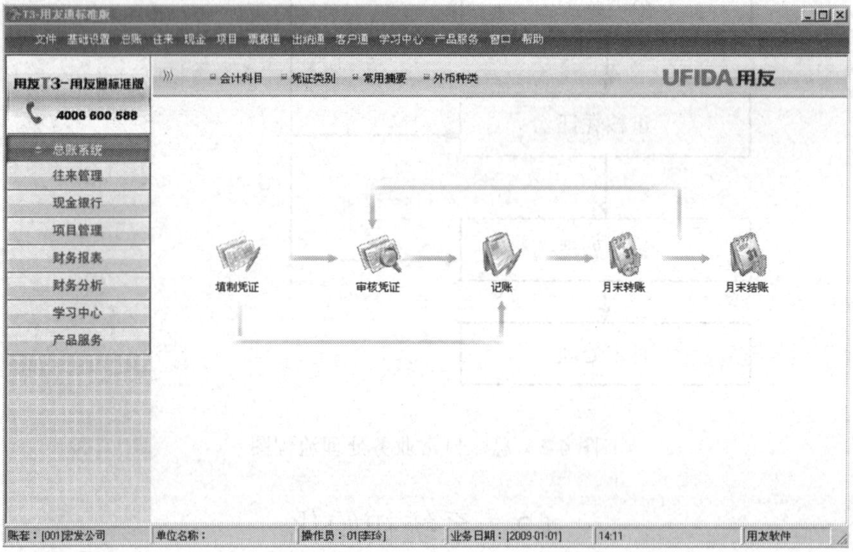

图 4-3 进入总账

1. 凭证参数设置

在“凭证”选项下包括“制单控制”、“凭证编号方式”、“外币核算”、“凭证控制”和“预算控制”等项目。

例 4-2：为宏发电脑公司账套设置凭证参数，制单要求序时控制、资金及往来科目赤字控制、允许修改、作废他人填制的凭证；允许查看他人填制的凭证；凭证编号方式采用系统编号；外币核算采用固定汇率；凭证要求打印凭证页脚姓名、实行预算控制；新增凭证时，自动带入凭证日期（登录日期）；合并凭证显示、打印（按科目相同方式合并）。

操作步骤：

（1）在“总账”系统中，选择“设置”｜“选项”命令，打开“选项”对话框。

（2）选择“凭证”选项卡，按照要求进行凭证参数设置，如图 4-4 所示。

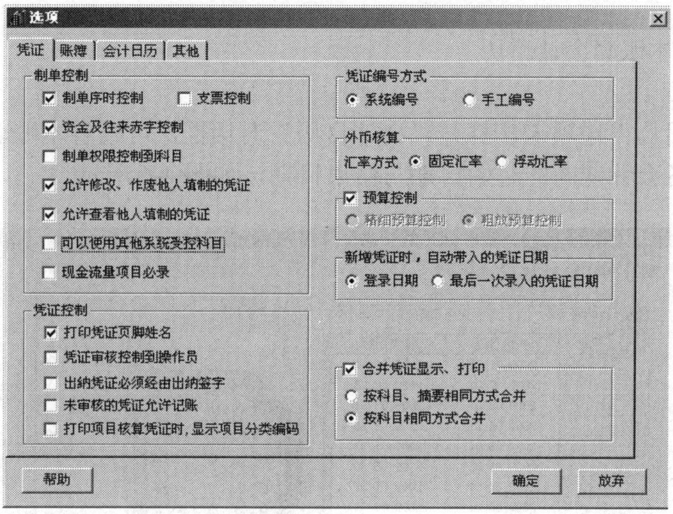

图 4-4　选项-凭证参数设置

2. 账簿参数设置

“账簿”选项下包括“打印位数宽度”、“明细账（日记账、多栏账）打印方式”、“凭证、账簿套打”、“凭证、正式账每页打印行数”、“明细账查询权限控制到科目”和“制单、辅助账查询控制到辅助核算”等项目。

例 4-3：本账套不对账簿参数进行修改，默认系统的初始设置，查看具体设置情况。

操作步骤：

选择“账簿”选项卡，打开“账簿”对话框，如图 4-5 所示。

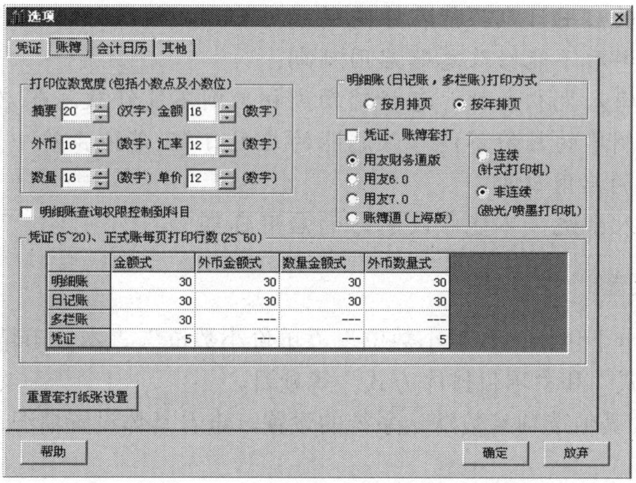

图 4-5　选项-账簿参数设置

3. 会计日历设置

在“会计日历”选项卡中，可查看启用会计年度和启用日期，以及各会计期间的起始日期与结束日期。

例 4-4：查看本账套会计日历。

操作步骤：

选择“会计日历”选项卡，打开“会计日历”对话框，可查看本账套启用会计年度和启用日期，以及各会计期间的起始日期与结束日期，如图 4-6 所示。

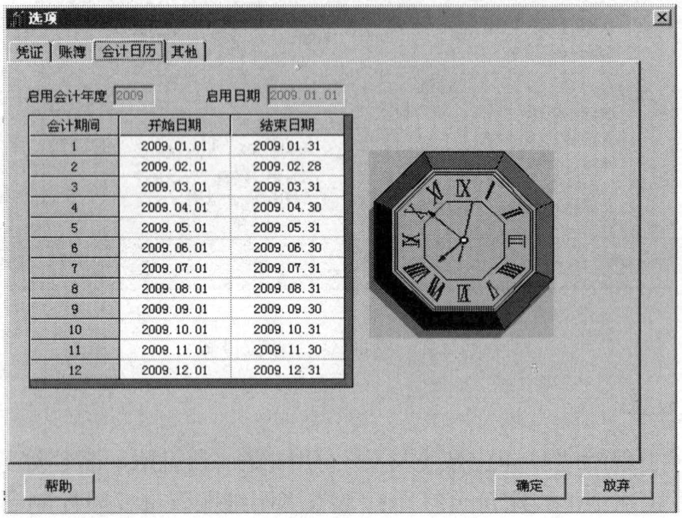

图 4-6 选项-会计日历设置

提示：

- 此处仅能查看会计日历的信息，如需修改请到系统管理中进行。
- 总账系统的启用日期不能在系统的启用日期之前。
- 已输入汇率后不能修改总账启用日期。
- 总账中已输入期初余额（包括辅助期初）则不能修改总账启用日期。
- 总账中已制单的月份不能修改总账的启用日期，其他系统中已制单的月份不能修改总账的启用日期。
- 第二年进入系统，不能修改总账的启用日期。

4. 其他参数设置

“其他”选项卡下包括“数量小数位”、“单价小数位”、“本位币精度”、“部门排序方式”、“个人排序方式”和“项目排序方式”等项目。

例 4-5：本账套其他选项参数默认系统的设置，查看具体设置情况。

操作步骤：

选择“其他”选项卡，打开“其他”对话框，如图 4-7 所示。

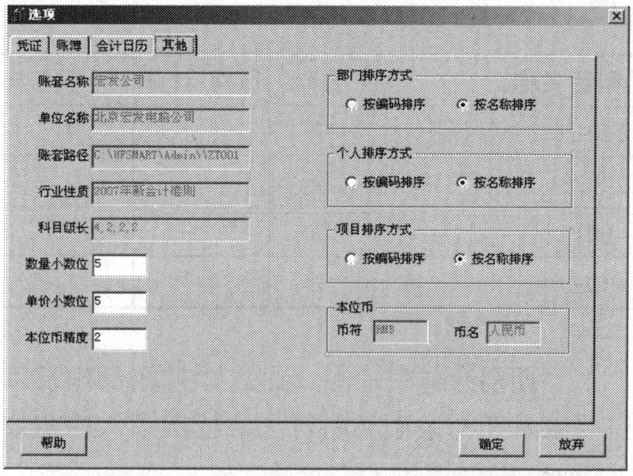

图 4-7　选项-其他参数设置

4.2.2　录入期初余额

为了保证新系统的数据能与原系统的数据衔接，保持账簿数据的连续完整，在应用总账系统前，需要将一些基础数据输入到系统中。首先将各账户的年初余额或启用月份的月初余额，以及年初到该月的累计发生额计算清楚，然后输入到总账系统中。

1. 期初余额

“期初余额”功能包括主要包括输入科目期初余额及核对期初余额，并进行试算平衡。例 4-6：根据宏发电脑公司的财务资料输入期初余额，如表 4-1 所示。

表 4-1　期初余额表

科目名称	方向	币别/计量	年初余额
库存现金（1001）	借		100,000.00
银行存款（1002）	借		3,215540.00
工行人民币存款（10020101）	借		3,208740.00
工行美元存款（10020102）	借		6800.00
	借	美元	1,000.00
应收账款（1122）	借		29,600.00
其他应收款（1221）	借		11,000.00
其他部门应收款（122101）	借		8,000.00
其他个人应收款（122102）	借		3,000.00
原材料（1403）	借		67,830.00
库存商品（1405）	借		240,000.00
台式机（140501）	借		120,000.00
	借	台	30
笔记本电脑（140502）	借		120,000.00
	借	台	20

（续表）

科目名称	方向	币别/计量	年初余额
固定资产（1601）	借		726760.00
应付账款（2202）	贷		16,630.00
实收资本（4001）	贷		4,000,000.00
本年利润（4103）	贷		374,100.00

操作步骤：

（1）选择“设置”｜“期初余额”命令，进入“期初余额录入”窗口。

（2）将光标定位在要录入期初余额的科目上，依次录入期初余额，如图 4-8 所示。

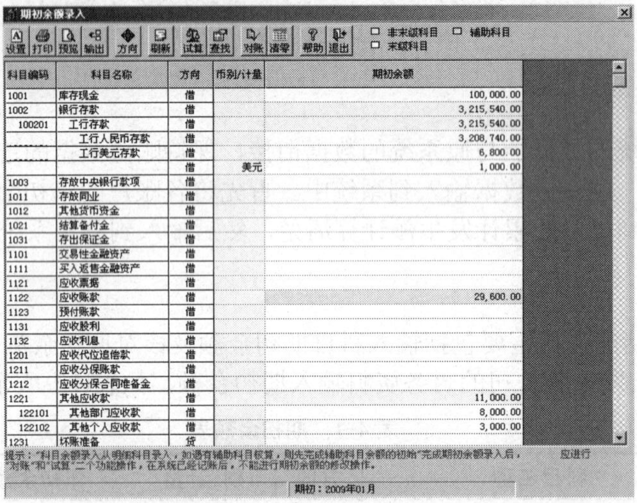

图 4-8 期初余额输入

提示：

- 输入余额和方向时，不能对科目进行增、删、改的操作。如要增、删、改科目，必须在设置会计科目功能中进行。
- 凭证记账后，期初余额变为浏览只读状态，不能再修改。

例 4-7：输入“1122 应收账款”辅助账期初余额。

辅助账期初余额部分数据如表 4-2 所示。

表 4-2 辅助账期初余额表

日期	客户名称	摘要	方向	期初余额
2008. 12.31	北京西单商场	期初余额	借	15000.00
2008.12.31	北京三立公司	期初余额	借	8000.00
2008.12.31	上海爱尔公司	期初余额	借	6600.00

操作步骤：

（1）在“期初余额输入”窗口中，双击“1122 应收账款”客户往来核算科目的“期初余额”栏，进入“客户往来期初”窗口，单击工具栏上的“增加”按钮。

（2）根据给出的资料，依次输入有关信息，如图 4-9 所示。

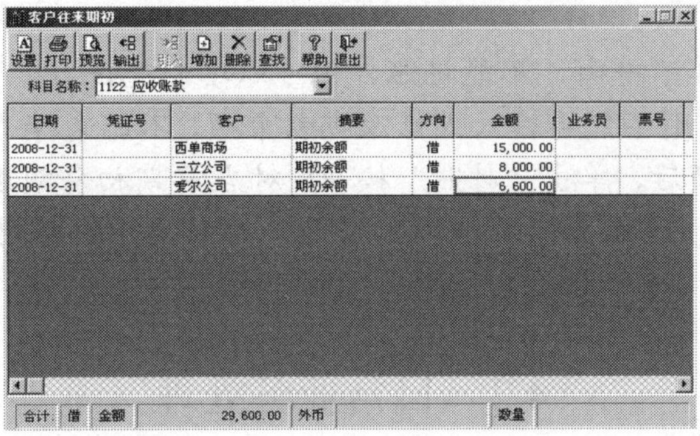

图 4-9　录入客户往来期初

（3）输入完毕，单击工具栏上的“退出”按钮，返回到“期初余额录入”窗口。

提示：

- 辅助账期初余额在辅助项中输入，借贷方累计发生额直接输入。
- 如果某科目为数量、外币核算，可以输入期初数量、外币余额。但必须先输入本币余额，再输入外币余额。

2. 试算平衡

期初余额输入后，必须进行上下级科目间余额的试算平衡和一级科目余额试算平衡，以保证初始数据的正确性，检验过程直接由计算机自动进行。

系统的“试算”功能可显示期初试算平衡表，显示试算结果是否平衡，如果不平衡，需重新调整。

例 4-8：根据已输入的期初余额进行试算平衡。

操作步骤：

（1）所有余额输入完毕后，单击“试算”按钮，可查看期初余额试算平衡表，检查余额是否平衡，如图 4-10 所示。

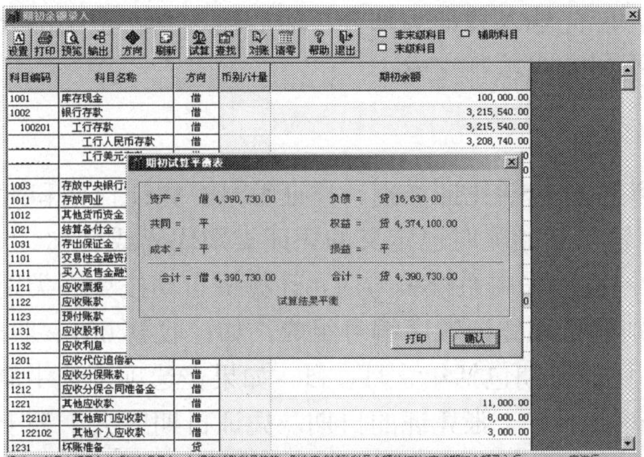

图 4-10　期初余额试算

（2）单击“确认”按钮，返回“期初余额录入”窗口。

提示：

- 期初余额试算不平衡，不能记账，但可以填制凭证。
- 已经记过账，则不能再输入或修改期初余额，不能选择“结转上年余额”功能。
- 进入期初余额后，单击“对账”按钮，对当前期初余额进行对账。如果对账后发现有错误，可单击“显示对账错误”按钮，系统将对账中发现的问题显示出来。

4.3　日常业务处理

总账中的初始化设置完成后，就可以开始进行日常账务处理了。日常业务处理的任务是通过输入和处理各种记账凭证，完成记账工作，查询和打印输出各种日记账、明细账和总分类账，同时对个人往来和单位辅助账进行管理。

4.3.1　填制凭证

记账凭证是登记账簿的依据，在实行计算机处理账务后，电子账簿的准确与完整完全依赖于记账凭证，因而使用者要确保记账凭证输入地准确完整。记账凭证是总账系统处理的起点，也是所有查询数据的最主要的一个来源。

日常业务处理首先从填制凭证开始。记账凭证的内容一般包括两部分：一是凭证头部分，包括凭证类别、凭证编号、凭证日期和附件张数等；二是凭证正文部分：包括摘要、会计分录和金额等。如果输入会计科目有辅助核算要求，则应输入辅助核算内容。

1. 增加凭证

在总账中，记账凭证的来源有三种：一是根据审核无误的原始凭证直接在计算机上编制记账凭证；或是由人工编制记账凭证，再输入计算机；二是从其他业务系统自动传递到总账中凭证；三是从外部导入的凭证，如凭证引入或接口开发。

填制记账凭证时，应先输入凭证头部分，然后输入凭证正文部分。企业应该根据具体经济业务内容，采用不同方式填制完成。

2. 输入凭证头部分

记账凭证的凭证头部分包括凭证类别、凭证编号、凭证日期和附件张数。

（1）凭证类别：输入初始化时已定义的凭证类别代码或名称。

（2）凭证编号：一般地采用系统编号时，计算机自动按凭证类别按月对凭证进行顺序编号。编号由凭证类别编号和凭证顺序编号组成，如：收款 001、收款 002 等。

（3）凭证日期：凭证日期包括年、月、日，如果在选项中选中制单序时控制，当前新增凭证的凭证日期不得小于前一张凭证的日期。凭证日期应大于等于启用日期，不能大于系统日期。

（4）附件张数：指本张凭证所附原始凭证张数。

例 4-9：宏发公司业务 1

1 月 5 日，从银行提取现金 47539 元，备发工资（现金支票号：2345）。

借：现金 47539

贷：银行存款/工行存款/工行人民币存款 47539

根据宏发电脑公司业务填制凭证头部分。

操作步骤：

（1）选择“凭证”｜“填制凭证”命令，进入“填制凭证”窗口。

（2）单击工具栏上的“增加”按钮，增加一张新凭证。

（3）在“凭证类别”下拉列表框中选择“付款凭证”选项，如图 4-11 所示。

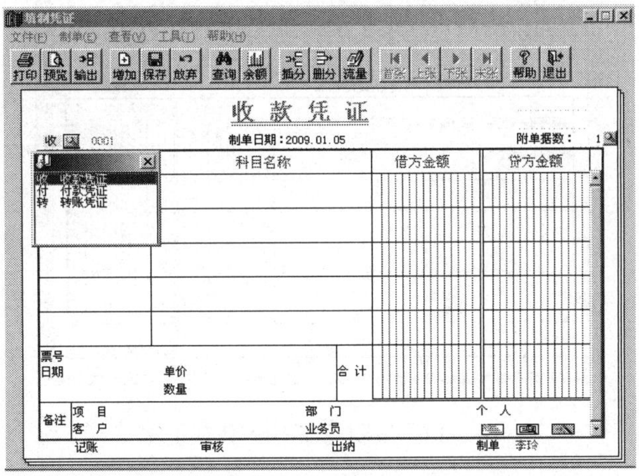

图 4-11　填制凭证-输入凭证头部分

（4）在“制单日期”后面输入“2009.01.05”。

（5）在“附单据”后面输入“1”。

提示：

- 由于系统默认凭证保存时不按凭证号顺序排列而按日期顺序排列，如不按序时制单将出现“凭证假丢失”现象。如有特殊需要可将其改为不按序时制单，则在制单时凭证号必须按日期顺序排列。
- 凭证一旦保存，其凭证类别、凭证编号不能修改。

3. 输入凭证正文部分

凭证正文部分包括摘要、科目、方向、金额和科目辅助核算等内容。

- 摘要：即对本凭证所反映的经济业务内容的说明，凭证的每行必须有摘要内容，不同行的摘要内容可以不同，每行的摘要将随其内容在明细账、日记账中出现。
- 科目：输入科目时，一般输入科目编码，计算机将根据科目编码自动切换为对应的会计科目名称。输入的科目编码必须在建立科目时已经定义，必须是最末级的科目编码。
- 方向：每一科目的发生额均应有它的方向，即借方或贷方。
- 金额：金额不能为“零”，红字以“—”号表示，会计科目借贷双方金额必须平衡。

例 4-10：根据业务 1 填制凭证正文部分。

操作步骤：

（1）输入摘要：提取现金备发工资。

（2）输入科目：1001。

（3）输入借方金额：47,539.00。

（4）按 Enter 键，继续输入下一行，如图 4-12 所示。

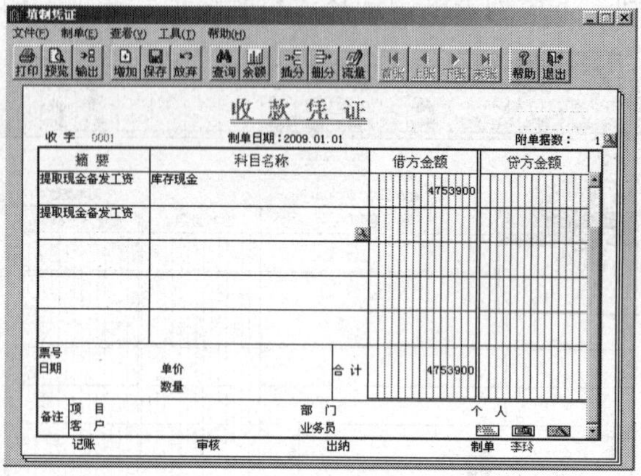

图 4-12　填制凭证-输入凭证正文

（5）如果借贷方均无辅助账科目，则输入贷方内容后单击工具栏上的“保存”按钮即可。

提示：

- 当前新增分录完成后，按回车键，系统将摘要自动复制到下一分录行。
- 会计科目通过科目编码或科目助记码输入。
- 合计：自动计算借方科目和贷方科目的金额合计数。
- 制单人签字：由系统根据登录总账系统时输入的操作员姓名自动输入。
- 对某张凭证作部分修改即可形成新凭证。

4. 输入科目辅助明细项目

如果在科目设置时定义了相应的“辅助账”，则在输入每笔分录时，同时输入辅助核算的内容。如果一个科目同时兼有几个核算要求时，则要求同时输入有关内容。

5. 输入需待核银行账的凭证

当输入的科目需要待核银行账时，要求输入对应的发生日期、结算方式和票号，这些信息在进行银行对账时使用。

例 4-11：根据业务 1，继续输入相应凭证。

操作步骤：

（1）在凭证体第二行输入“10020101”科目（银行科目）时，打开“辅助项”对话框。

（2）在“辅助项”对话框中，依次输入结算方式、票号及发生日期，如图 4-13 所示。

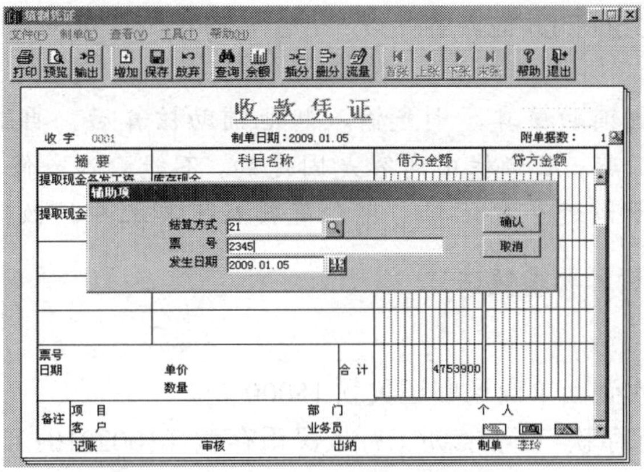

图 4-13　输入需待核银行账的凭证

（3）单击“确认”按钮，返回“填制凭证”窗口。

提示：

- 如果在初始设置中选择了支票控制，该结算方式设为支票管理，则银行账辅助信息不能为空，而且该方式的票号应在支票登记簿中有记录。
- 辅助项的发生日期系统自动默认为凭证日期，可根据实际情况进行更改。

6. 输入有外币核算要求的凭证

当输入的科目有外币核算要求时，要求输入外币数额和记账汇率。

例 4-12：业务 2

10 日，收到投资资金一万美圆，当日汇率 6.8。

借：银行存款/工行存款/工行美元存款（＄10000），68000.00

贷：实收资本 68000.00

操作步骤：

（1）在填制凭证对话框中，单击“增加”按钮，选择凭证类别并修改凭证日期。

（2）输入凭证摘要，输入第一行科目编码“10020102”，由于该科目为外币核算科目，需要在“外币”框中输入外币金额，如图 4-14 所示。

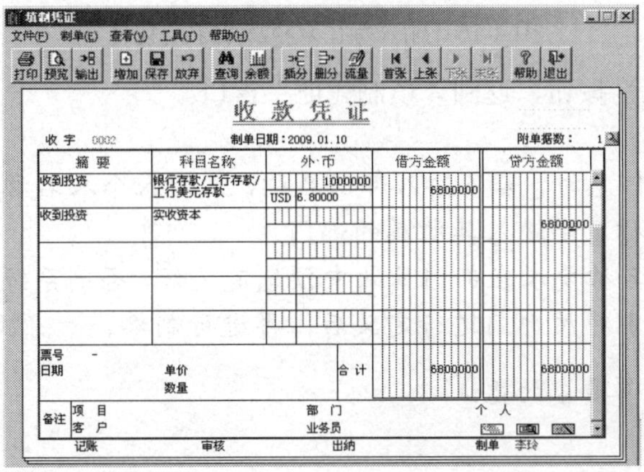

图 4-14　输入有外币核算要求的凭证

（3）继续输入该凭证的其他内容。

提示：

- 如果还有其他辅助核算，则先输入其他辅助核算后，再输入外币信息。
- 如使用固定汇率，汇率栏中内容是固定的，不能输入或修改。如使用变动汇率，汇率栏中显示最近一次汇率，可以直接在汇率栏中修改。

7. 输入有往来账核算要求凭证

例 4-13：业务 3

15 日，收到西单商场归还欠款 15000 元。

借：银行存款-工行存款/工行人民币存款（10020101）15000

贷：应收账款/西单商场（1122）15000

操作步骤：

（1）单击“增加”按钮，输入一张新的凭证，当输入分录贷方科目“113”时，由于该科目为往来核算科目，需要在“辅助项”对话框中输入辅助信息。

（2）在“辅助项”对话框中，依次输入“客户”、“业务员”、“票号”和“发生日期”的信息，如图 4-15 所示。

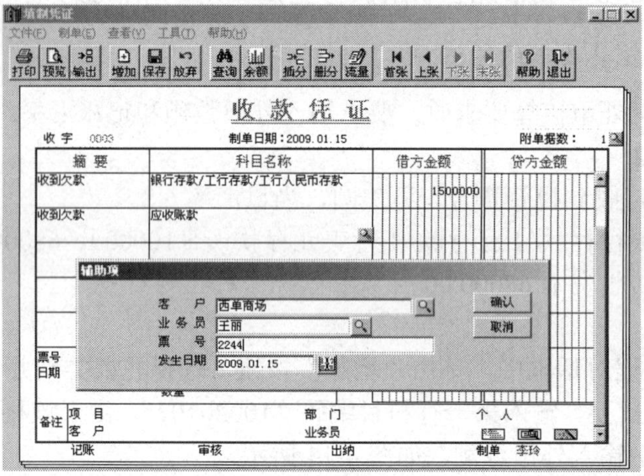

图 4-15 输入有往来核算要求的凭证

（3）单击“确认”按钮，返回“填制凭证”窗口。

提示：

- 在输入个人信息时，若不输入部门名称，只输入个人名称时，系统将根据所输入的个人名称自动输入其所属的部门。
- 输入的部门名称要求在部门目录中预先定义好，否则系统会发出警告，要求先到部门目录中对该部门进行定义后，再进行制单。

8. 输入有部门核算要求的凭证

例 4-14：业务 4

17 日，财务部购买办公用品 875 元，销售部购买办公用品 800 元，行政部购买办公用 700 元，用现金支付。

借：管理费用-办公费 (660202)　2375.00

贷：库存现金（1001）　2375.00

操作步骤：

（1）单击“增加”按钮，输入一张新的凭证，当输入分录借方科目“660202”时，由于该科目为部门核算科目，需要在“辅助项”对话框中输入辅助信息。

（2）在“辅助项”对话框中，分别输入各个费用发生的部门，如图 4-16 所示。

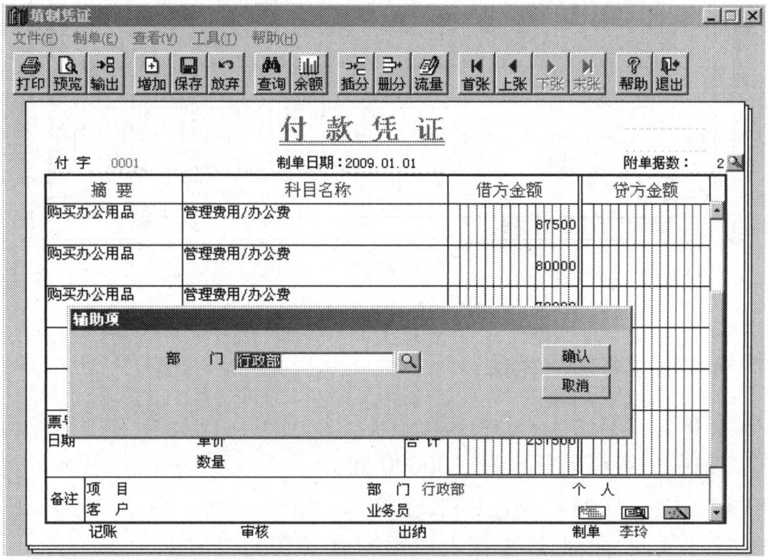

图 4-16　输入有往来核算要求的凭证

（3）单击“确认”按钮，返回“填制凭证”窗口。

9. 输入有数量核算要求的凭证

例 4-15：业务 5

27 日，向三立公司销售台式机 5 台，每台售价 5500 元，向西单商场销售笔记本电脑 3 台，每台售价 9300 元（本例暂不考虑税率）。

借：应收账款（1122）

三立公司　27500.00

西单商场　27900.00

贷：主营业务收入-台式机　（600101）　27500.00

主营业务收入-笔记本电脑　（600102）27900.00

操作步骤：

（1）单击“增加”按钮，输入一张新的凭证，当输入分录贷方科目“主营业务收入”时，由于该科目为数量金额核算科目，需要在“辅助项”对话框中输入辅助信息。

（2）在“辅助项”对话框中，分别输入数量和单价，如图 4-17 所示。

（3）单击“确认”按钮，返回“填制凭证”窗口。

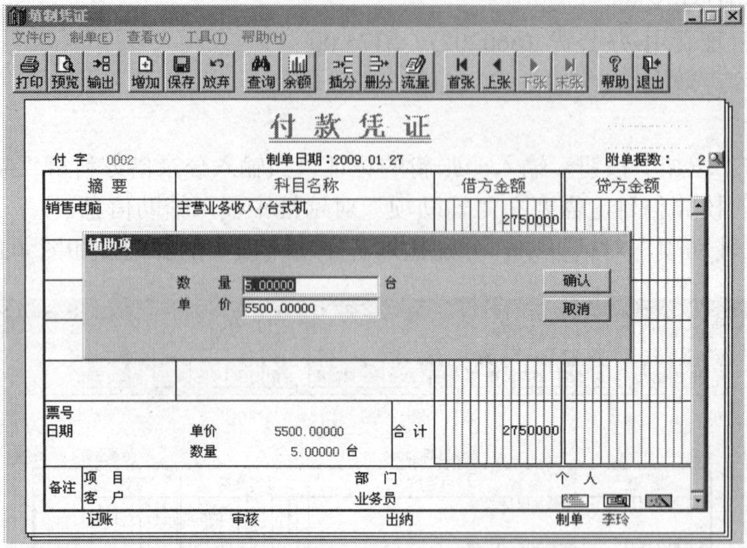

图 4-17　输入有往来核算要求的凭证

10. 输入有项目核算要求的凭证

例 4-16：业务 6

27 日，预付 A 楼在建工程款 100000 元。

借：在建工程（1604）—在建工程-A 楼

贷：银行存款-工行存款-工行人民币存款（10020101）

操作步骤：

（1）单击“增加”按钮，输入一张新的凭证，当输入分录借方科目“主营业务收入”时，由于该科目为项目核算科目，需要在“项目名称”对话框中输入项目档案。

（2）在“辅助项”对话框中，选择项目档案，如图 4-18 所示。

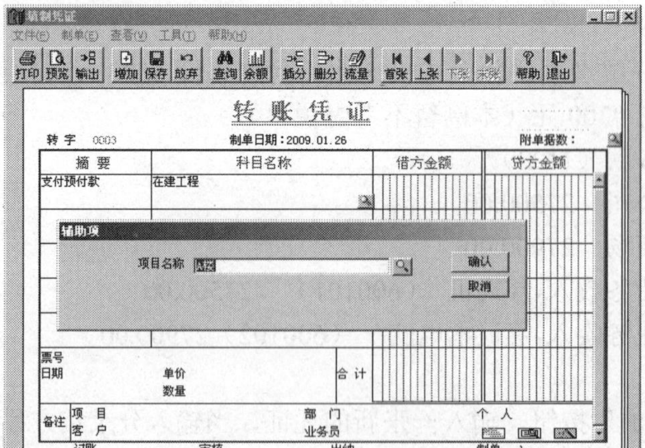

图 4-18　输入项目核算的凭证

（3）输入贷方科目，完成凭证。

4.3.2　出纳签字

会计凭证填制完成之后，如果该凭证是出纳凭证，且在系统“选项”中选择“出纳凭证必须经由出纳签字”，则应由出纳核对签字。

出纳凭证由于涉及企业现金的收入与支出，应加强对出纳凭证的管理。出纳人员可通过“出纳签字”功能对制单员填制的带有现金或银行科目的凭证进行检查核对，主要核对出纳凭证的出纳科目的金额是否正确。审查认为错误或有异议的凭证，应交予填制人员修改后再核对。

操作步骤：

（1）出纳人员登录进入总账系统，选择“总账”|“凭证”|“出纳签字”命令，如图 4-19 所示。

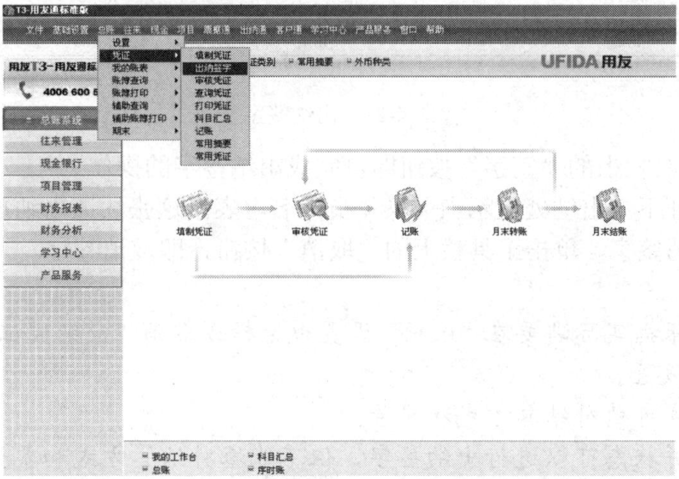

图 4-19　选择出纳签字功能

（2）选择“出纳签字”命令后，打开“出纳签字”对话框。选择本次进行出纳签字的凭证的范围，如图 4-20 所示。

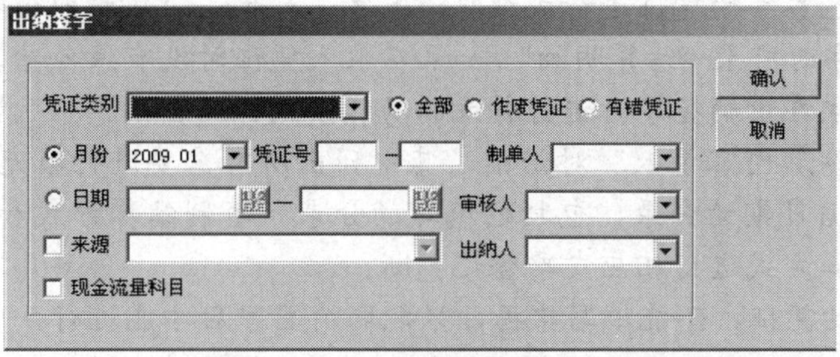

图 4-20　选择出纳签字凭证范围

（3）单击“确定”按钮，出现需要出纳签字的凭证，如图 4-21 所示。

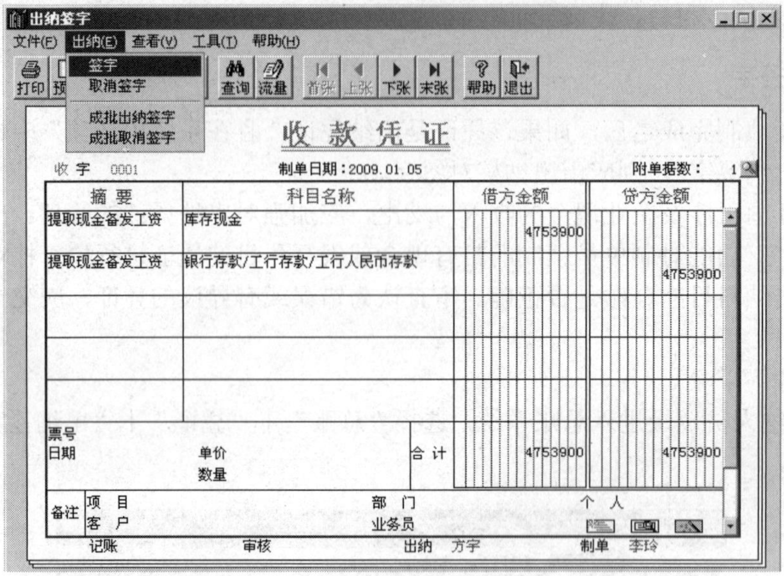

图 4-21　出纳签字

（4）单击工具栏上的“签字”按钮即可完成出纳签字的操作。

签字后，凭证下方出纳处显示当前操作员姓名，表示这张凭证出纳员已签字。若想对已签字的凭证取消签字，单击工具栏上的“取消”按钮，即取消签字。

提示：

- 企业可根据实际需要在“选项”设置中选择或取消“出纳凭证必须经由出纳签字”的设置。
- 出纳签字可填补结算方式和票号。
- 凭证合并状态可以进行出纳签字，但不能填补结算方式和票号。
- 凭证一经签字，就不能被修改、删除，只有取消签字后才可以修改或删除。
- 取消签字只能由出纳人自己进行。
- 进行成批出纳签字：为了提高工作效率，系统提供对已审核的凭证进行成批签字的功能，选择“主管”|“成批出纳签字”命令，可进行签字的成批操作。若想对已签字的凭证进行成批取消签字，可单击“成批取消签字”按钮。
- 出纳签字时补录“结算明细”：如果在录入凭证时没有录入结算方式和票据号，系统提供在出纳签字时进行补录的功能。选择“出纳”|“票据结算”命令，打开“结算内容录入”对话框，其中列出所有需要进行填充结算方式、票据号、票据日期的分录，包括已填写的分录；填制结算方式和票号时，针对票据的结算方式进行相应支票登记判断。
- 已签字的凭证，不能填写票据，只能取消签字后才能进行。

4.3.3　审核凭证

审核凭证是指由具有审核权限的操作员按照会计制度规定，对制单人填制的记账凭证进行合法性检查。主要审核记账凭证是否与原始凭证相符，会计分录是否正确等。审查认为错误或有异议的凭证，应交予原填制人员修改后，再审核。经过审核后的记账凭证才能作为正式凭证进行记账处理。如果本公司业务处理简单，记账凭证也可以不需要审核直接进行记账处理（需在“选项”中进行设置）。

审核凭证时可直接根据原始凭证或单据，对屏幕上显示的凭证进行审核，对正确的凭证，单击“审核”按钮，计算机在凭证上填入审核人名字；对错误的记账凭证，不予审核或单击“标错”按钮。如果标错，系统在凭证上标明“有错”字样。

例 4-17：对已输入的凭证进行审核签字。

操作步骤：

（1）宏发公司财务主管黄骅登录总账系统进行凭证审核。选择“凭证”|“审核凭证”命令，打开“凭证审核”对话框，选择要审核的凭证范围，如图 4-22 所示。

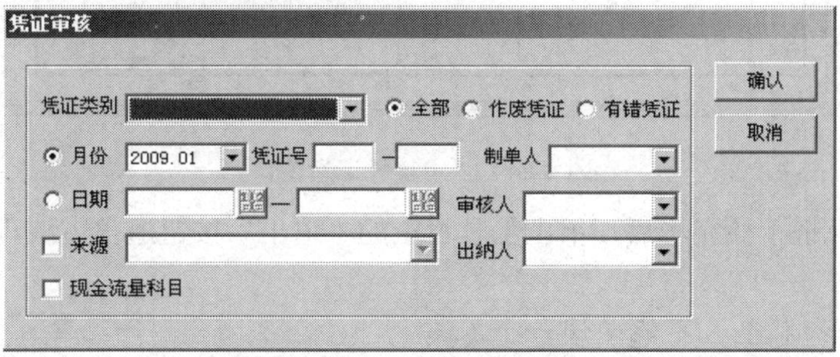

图 4-22 “凭证审核”对话框-1

（2）单击“确认”按钮，打开“凭证审核”对话框，如图 4-23 所示。

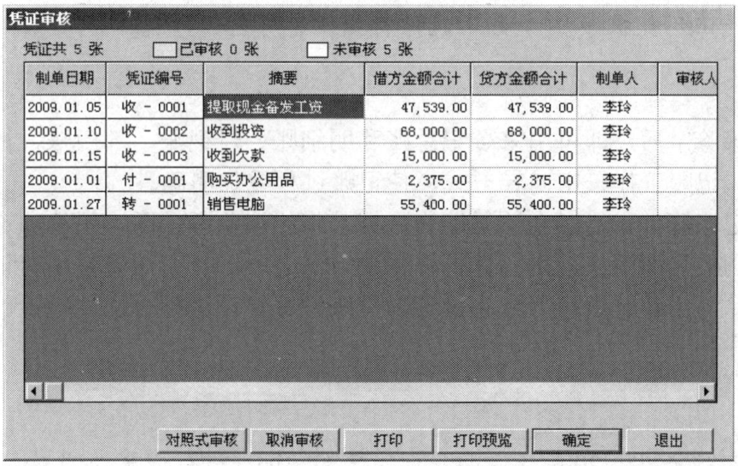

图 4-23 “凭证审核”对话框-2

（3）单击“确定”按钮，进入“审核凭证”窗口。对当前显示的凭证进行检查后，单击工具栏上的“审核”按钮，系统在凭证下方审核处签上黄骅的名字，如图 4-24 所示。

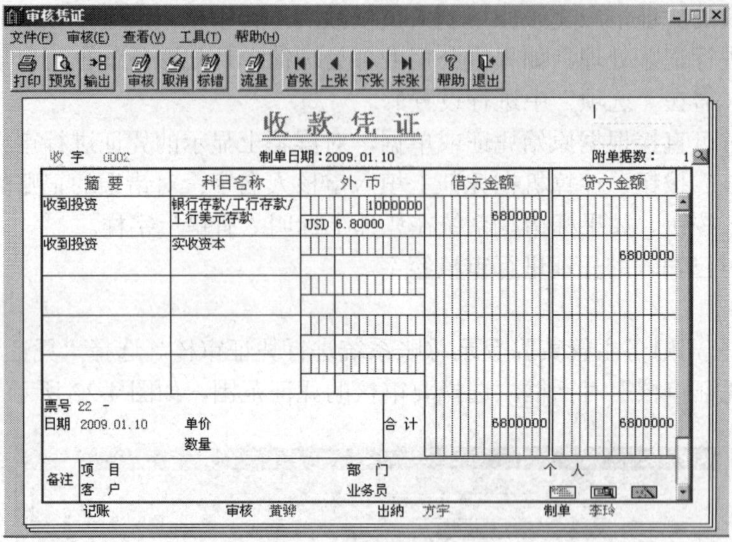

图 4-24 “审核凭证”窗口

（4）全部凭证审核完毕后，单击工具栏上的“退出”按钮退出审核程序。

提示：

- 审核人和制单人不能是同一个人。
- 若想对已审核的凭证取消审核，单击“取消”按钮，取消审核。取消审核签字只能由审核人自己进行。
- 凭证一经审核，就不能被修改、删除，只有取消审核签字后才能进行修改或删除。
- 作废凭证不能被审核，也不能被标错。

4.3.4 记账

凭证经审核签字后，即可用来登记总账和明细账、日记账、部门账、往来账、项目账以及备查账等。记账工作采用向导方式，使记账过程更加明确。

记账即登记账簿，它是以会计凭证为依据，将经济业务全面、系统和连续地记录到具有账户基本结构的账簿中去，是会计核算主要方法之一。登记账簿是由有记账权限的操作员发出记账指令，由计算机按照预先设计的记账程序自动进行合法性检验、科目汇总和登记账簿等操作。

1. 记账

例 4-18：宏发公司将 2009 年 1 月份已审核的凭证，进行记账处理。

操作步骤：

（1）选择“凭证”|“记账”命令，打开“记账”对话框，选择“选择本次记账范围”选项，如图 4-25 所示。

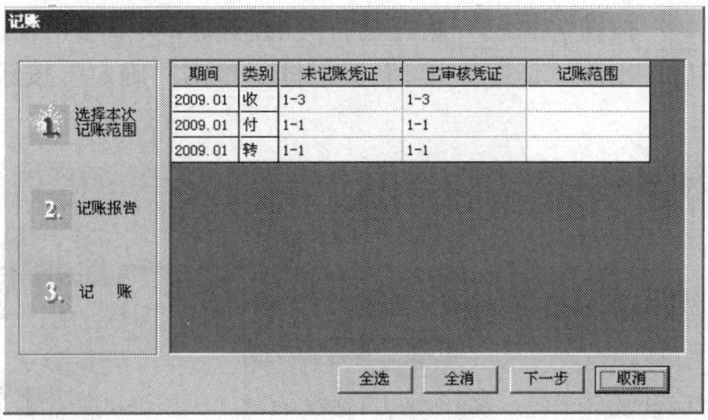

图 4-25　选择记账范围

（2）输入要进行记账的凭证范围。

（3）单击“下一步”按钮，打开“记账报告”对话框，如图 4-26 所示。

图 4-26　记账报告

（4）如果需要打印记账报告，可单击“打印”按钮。

（5）单击“下一步”按钮，打开“记账”对话框。

（6）单击“记账”按钮，打开“期初试算平衡表”对话框，如图 4-27 所示。

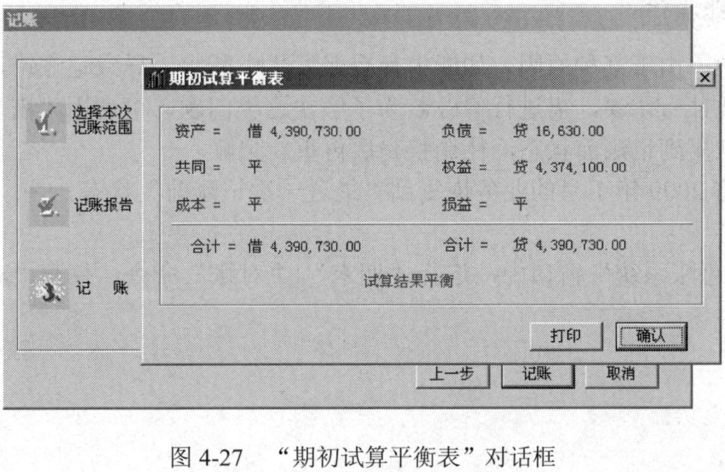

图 4-27　“期初试算平衡表”对话框

（7）单击“确认”按钮，系统开始登记有关的总账和明细账、辅助账。

（8）登记完毕后，出现“记账完毕！”提示框。单击“确定”按钮，记账完毕，如图 4-28 所示。

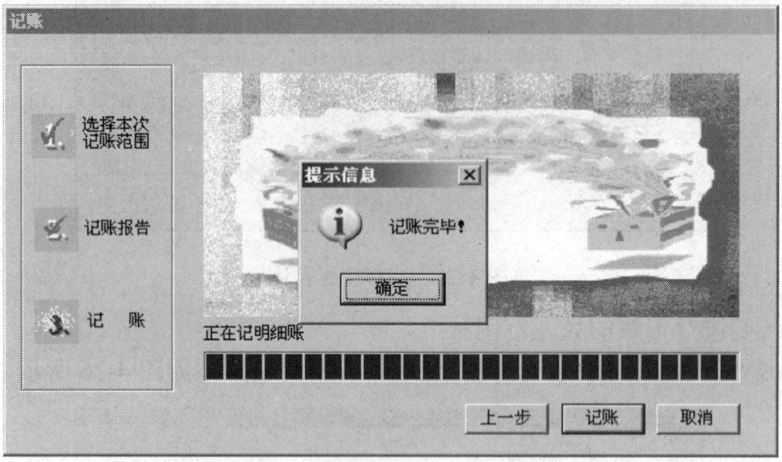

图 4-28 记账完毕

提示：

- 记账范围可输入数字、“-”和“,”。
- 在设置过程中，如果发现某一步设置错误，可单击“上一步”按钮，返回后进行修改。如果不想再继续记账，可单击“取消”按钮，取消本次记账工作。
- 第一次记账时，若期初余额试算不平衡，不能记账。
- 如果有不平衡凭证时不能记账。
- 作废凭证不需审核可直接记账。
- 上月未记账，本月不能记账。
- 上月未结账时，本月不能记账。
- 在记账过程中，不得中断退出。

2. 取消记账操作

记账过程中，由于某种原因，如断电使登账发生中断等，导致记账错误，或记账后发现输入的记账凭证有错误，需进行修改。为了解决这类问题，可调用“恢复记账前状态”功能，将数据恢复到记账前状态，待调整完后再重新记账。

例 4-19：将 2009 年 1 月的业务恢复到“最近一次记账前”状态。

操作步骤：

（1）在“总账系统”窗口中，选择“期末”|“对账”命令，打开“对账”对话框，如图 4-29 所示。

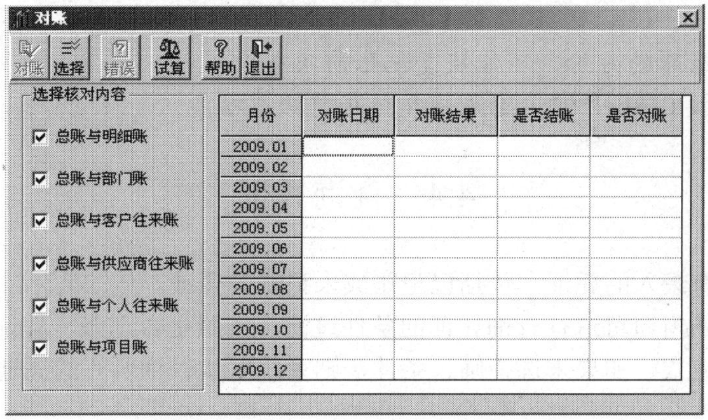

图 4-29　“对账”对话框

（2）按 CTRL+H 组合键，激活恢复记账前状态功能，如图 4-30 所示。

图 4-30　激活恢复记账前状态

（3）单击“确定”按钮，返回“对账”对话框。

（4）单击“退出”按钮，退出“对账”对话框，选择“凭证”|“恢复记账前状态”命令，打开“恢复记账前状态”窗口，如图 4-31 所示。

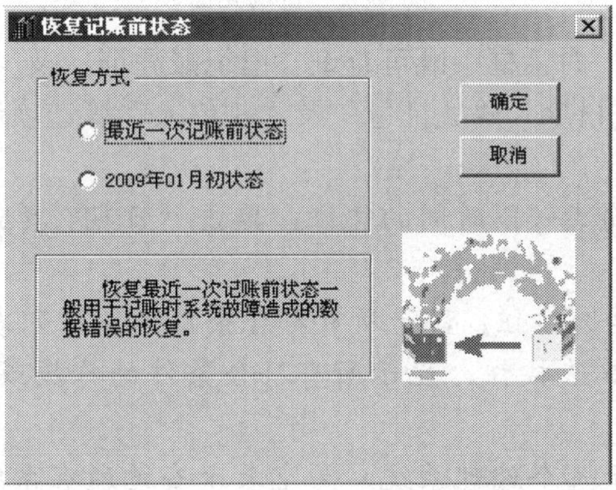

图 4-31　“恢复记账前状态”对话框

（5）单击“最近一次记账前状态”单选按钮。

（6）单击“确定”按钮，系统弹出“恢复记账完毕”提示对话框，再单击“确定”按钮返回。

提示：

● 如果选择的是恢复至本月月初，需要输入会计主管的口令后，系统才开始进行恢复工作。

- 对于已结账的月份，不能恢复记账前状态。
- 如果再按 CTRL+H 键，隐藏恢复记账前状态功能。

4.4　查询凭证

可以查询所有录入的凭证，包括已记账或未记账的凭证。

在凭证查询的窗口可进行查询凭证的条件过滤，按照是否记账、凭证类别、月份、凭证编号和日期等方式，如果未选择筛选条件，则系统默认查询所有的凭证。

4.4.1　查询凭证

例 4-20：查询凭证。

（1）选择“凭证”|“查询凭证”命令，打开“凭证查询”对话框，如图 4-32 所示。

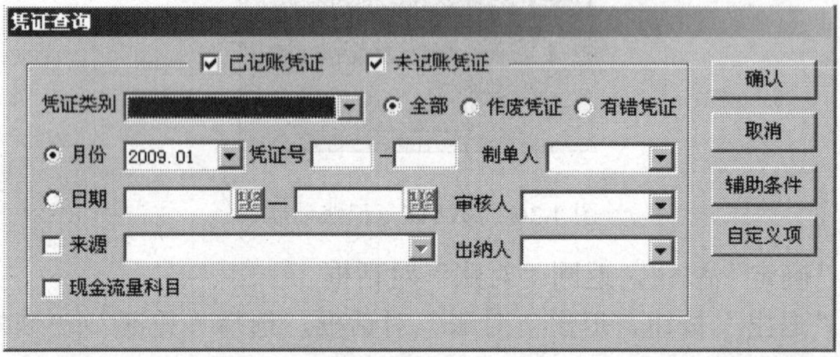

图 4-32　查询凭证

（2）在“凭证查询”对话框中既可查询“已记账凭证”及“未记账凭证”，还可以分别按“凭证类别”、“凭证日期”、“凭证号”及“制单人”等选项进行查询。

提示：

- 如果要专门查询某一段时间的凭证，单击“日期”单选按钮，此时“凭证号”范围不可选。
- 单击“全部”单选按钮，显示所有符合条件的凭证列表，单击“作废凭证”或“有错凭证”单选按钮，显示所有符合条件的作废或有错的凭证，三者任选其一。
- 选择凭证来源于哪个外部系统，为空表示查询所有系统的凭证。
- 如要按科目、摘要、金额等辅助信息进行查询，可单击“辅助条件”按钮，输入辅助查询条件。

4.4.2　插入凭证

如果需要在已排序的凭证号中插入一张凭证，可以使用“插入凭证”。

操作步骤：

（1）进入填制凭证界面，找到与插入凭证号相等的凭证页面，选择“制单”｜“插入凭证”，如图 4-33 所示，系统提示“您确定要插入凭证吗？”如图 4-34 所示。

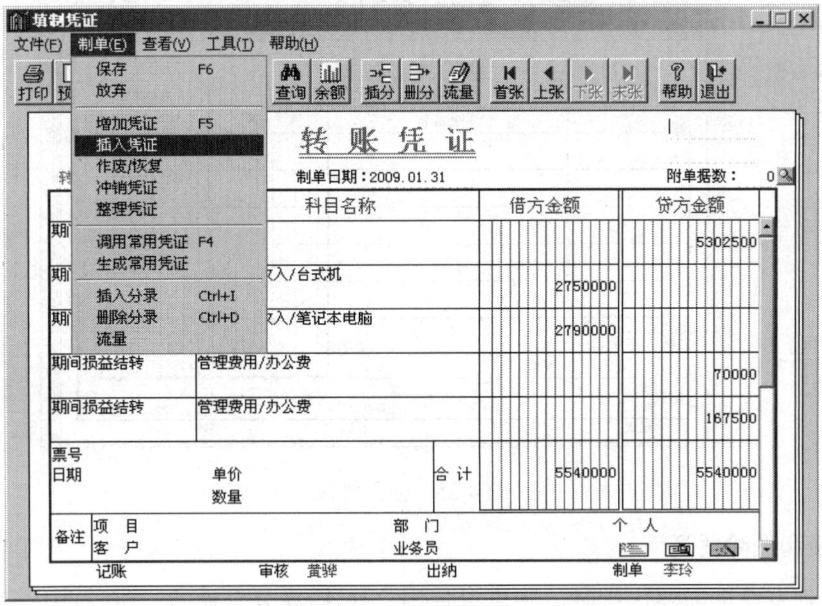

图 4-33　插入凭证

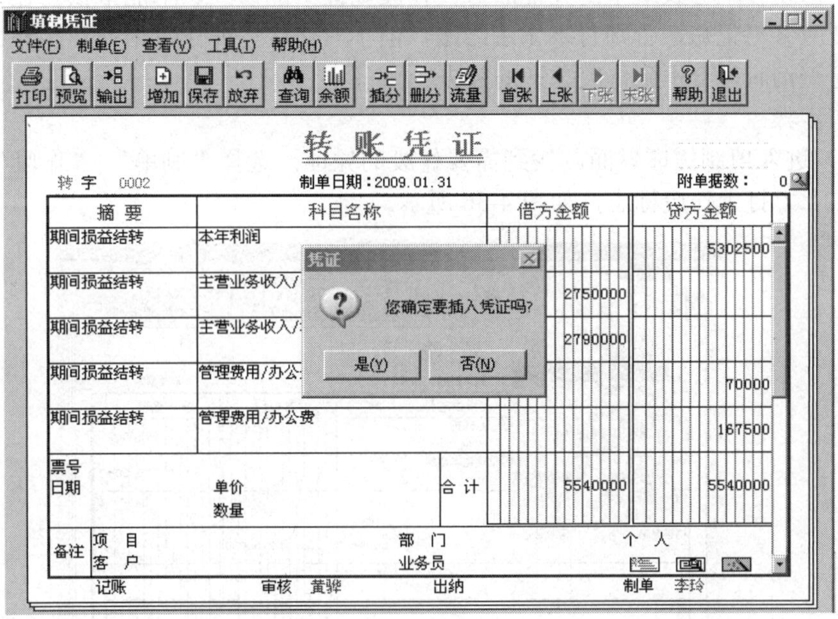

图 4-34　插入凭证

（2）单击“是”按钮后，进入凭证录入界面，并显示插入凭证编号，如图 4-35 所示。

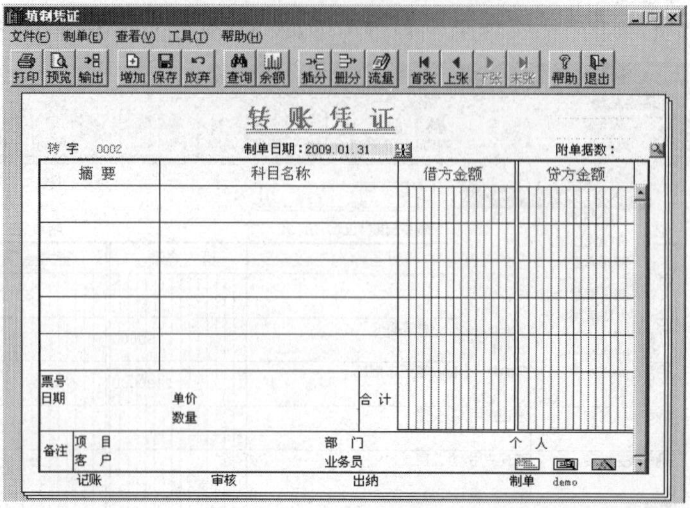

图 4-35 插入凭证

4.4.3 作废和删除凭证

如果遇到有凭证需要作废时，则可以使用“作废/恢复”功能，将这些凭证进行作废。作废凭证仍保留凭证内容及编号，只显示“作废”字样。自动编号时，作废凭证后，不整理断号，系统自动寻找最小的凭证断号。作废凭证不能修改，不能审核。在记账时，已作废的凭证应参与记账，否则月末无法结账，但不对作废凭证作数据处理，相当于一张空凭证。账簿查询时，查不到作废凭证的数据。

操作步骤：

（1）进入填制凭证界面，找到需要作废的凭证，选择“制单”|“作废”命令，系统在凭证左上方打上作废标志，如图 4-36 所示。

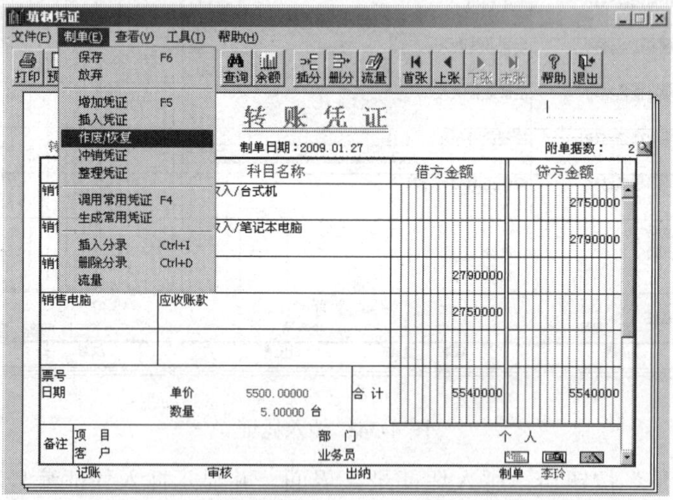

图 4-36 凭证作废

（2）如果作废凭证不想保留时，则可以通过“整理凭证”功能，将其彻底删除，并对未记账凭证重新编号，如图 4-37 所示。

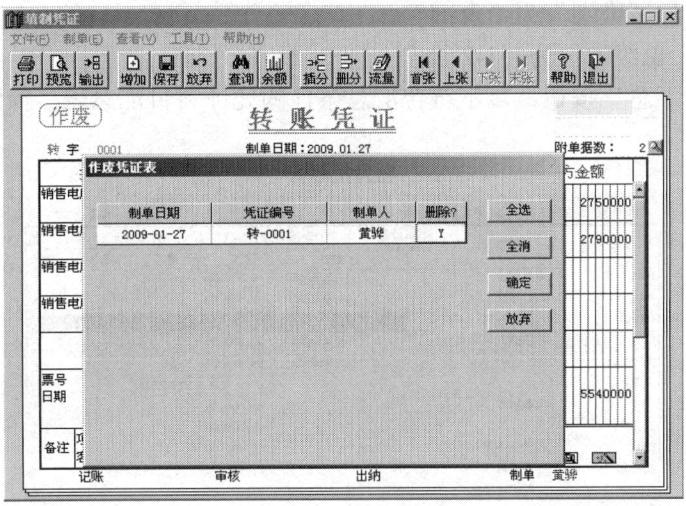

图 4-37　删除凭证

（3）若当前凭证已作废，可选择“制单”｜“作废/恢复”命令，取消作废标志，并将当前凭证恢复为有效凭证。

提示：

- 只能对未记账凭证作凭证整理。
- 已记账凭证作凭证整理，应先恢复本月月初的记账前状态，再作凭证整理。
- 已经删除的凭证不能取消作废。

4.4.4　凭证汇总

凭证全部输入完毕并进行审核签字后，可以进行汇总并同时生成一张“记账凭证汇总表”。

进行汇总的凭证可以是已记账的凭证，也可以是未记账凭证，因此，财务人员可以在凭证未记账前随时查看企业当前的经营状况和其他财务信息。

例 4-21：宏发公司汇总 1 月凭证。

操作步骤：

（1）选择“凭证”｜“科目汇总”命令，出现“科目汇总”对话框，如图 4-38 所示。

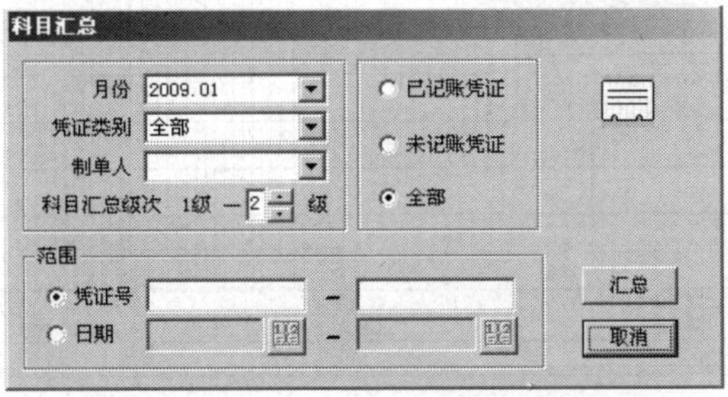

图 4-38　凭证汇总条件

（2）输入“月份”为 2009.01。

（3）输入“凭证类别”为“全部”。

（4）“科目汇总级次”为“1-2 级”。

（5）单击“汇总”按钮，显示符合汇总条件的凭证科目汇总表，如图 4-39 所示。

科目汇总表

共5张凭证，其中作废凭证0张，原始单据共6张　　月份：2009.01

科目编码	科目名称	外币名称	计量单位	金额合计		外币合计		
				借方	贷方	借方	贷方	借
1001	库存现金			47,539.00	2,375.00			
1002	银行存款			83,000.00	47,539.00			
100201	工行存款			83,000.00	47,539.00			
1122	应收账款			55,400.00	15,000.00			
资产小计				185,939.00	64,914.00			
美元						10,000.00		
4001	实收资本				68,000.00			
权益小计					68,000.00			
6001	主营业务收入				55,400.00			
600101	台式机		台		27,500.00			
600102	笔记本电脑		台		27,900.00			

图 4-39　科目汇总表

4.4.5 冲销凭证

冲销凭证，即将已经记账的错误凭证采用增加一张“红字”凭证全额冲销，若需要，再增加一张“蓝字”凭证补充的方法。

例如：从工商银行提取现金 475390 元，但输入反映该笔业务的收款凭证时，错输为 47539 元，记账后发现错误，为修改此错误凭证，此时采用红字冲销法。首先编制一张红字凭证将错误凭证 47539 元冲销，然后再编制一张正确的蓝字凭证 475390 元进行补充。

例 4-22：宏发公司冲销一月“收-0001”号凭证。

操作步骤：

（1）选择“制单”|“冲销凭证”命令，如图 4-40 所示。

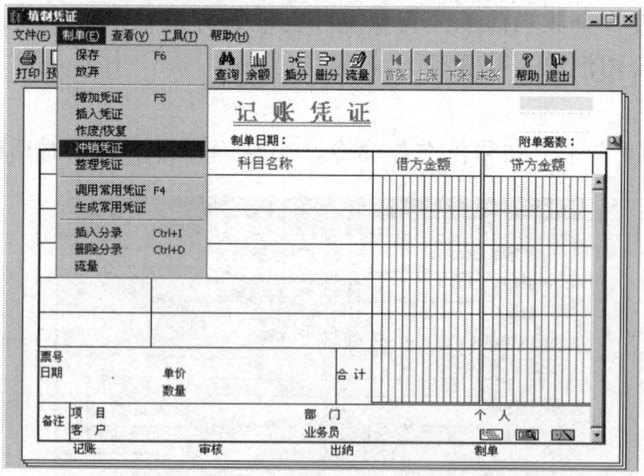

图 4-40　冲销凭证-1

（2）打开“冲销凭证”对话框，在“冲销凭证”对话框中，依次输入月份、凭证类别和凭证号，如图 4-41 所示。

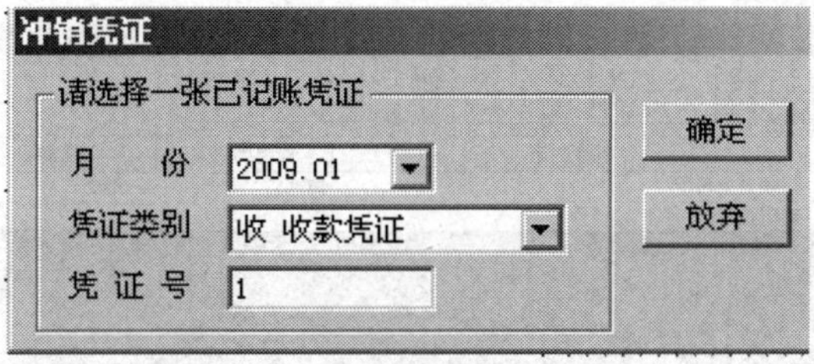

图 4-41　冲销凭证-2

（3）单击“确定”按钮，系统自动生成一张红字冲销凭证，如图 4-42 所示。

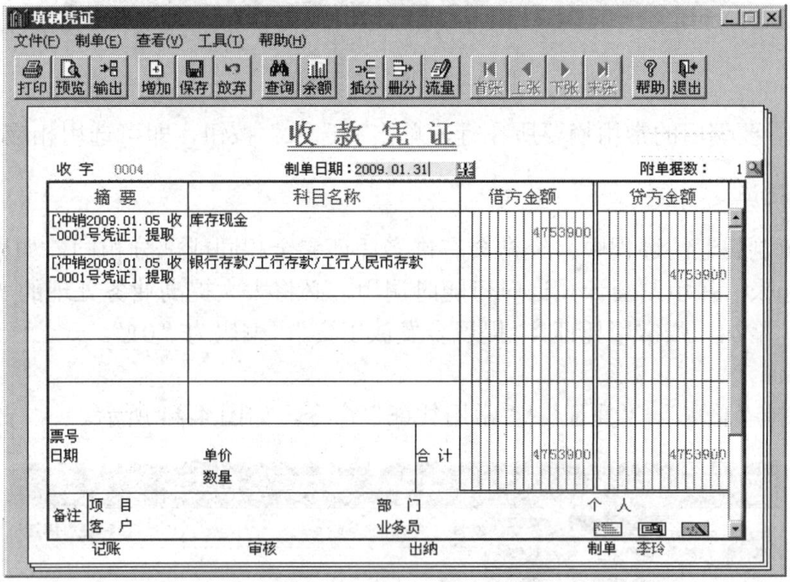

图 4-42　冲销凭证-3

提示：

● 通过红字冲销法增加的凭证，应视同正常凭证进行保存和管理。

4.4.6　制单技巧

1. 常用摘要

在日常填制凭证的过程中，因为业务的重复性发生，经常会有许多摘要完全相同或大部分相同，如果将这些常用摘要存储起来，在填制会计凭证时可随时调用，必将大大提高业务处理效率。

例 4-23：增加并调用常用摘要，摘要编号为 01、02。

（1）选择“凭证”|“常用摘要”命令，打开“常用摘要”窗口。

（2）单击“增加”按钮，输入摘要编码、摘要内容。这些内容在调用后可修改补充。

如果某常用摘要固定对应某科目，则可在“相关科目”文本框中输入，在填制凭证时，在调用常用摘要的同时对应科目也被调入，可提高凭证输入效率，如图 4-43 所示。

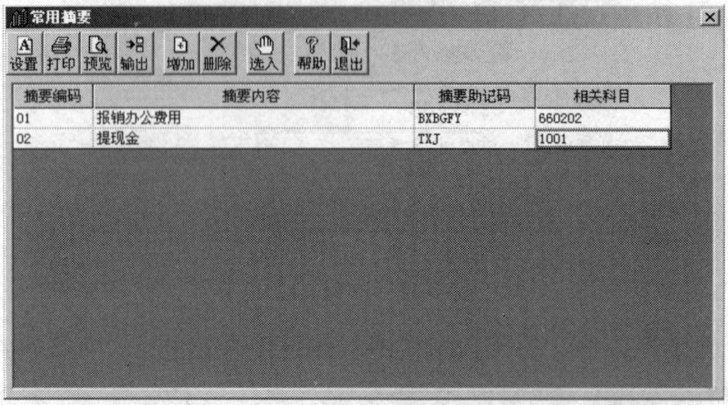

图 4-43　增加常用摘要

（3）选中要调用的常用摘要所在行，单击“选入”按钮，即可选用相应的常用摘要。

2．常用凭证

在日常填制凭证的过程中，经常会有许多凭证完全相同或部分相同，如果将这些常用的凭证存储起来，在填制会计凭证时可随时调用，必将大大提高业务处理的效率。

例 4-24：增加一张常用凭证，“提现金发放工资”，编码为“01”。

操作步骤：

（1）选择“总账”|“凭证”|“常用凭证”命令，如图 4-44 所示。

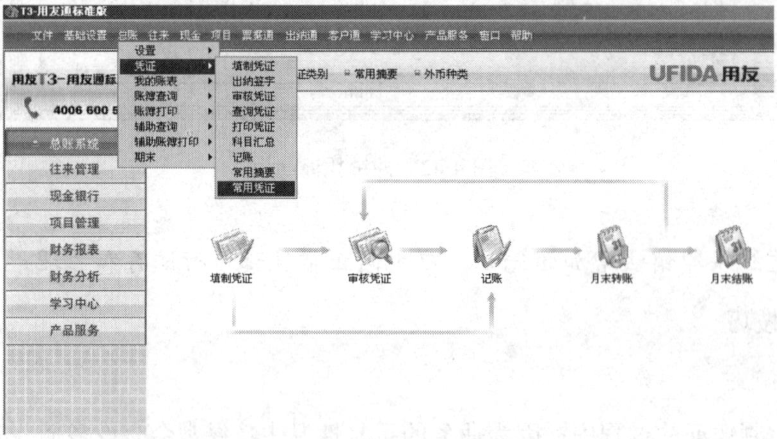

图 4-44　增加常用凭证-1

（2）打开“常用凭证”窗口，单击“增加”按钮，增加一张新的常用凭证，输入“编码”、“说明”、“凭证类别”和“附单据数”等信息，如图 4-45 所示。

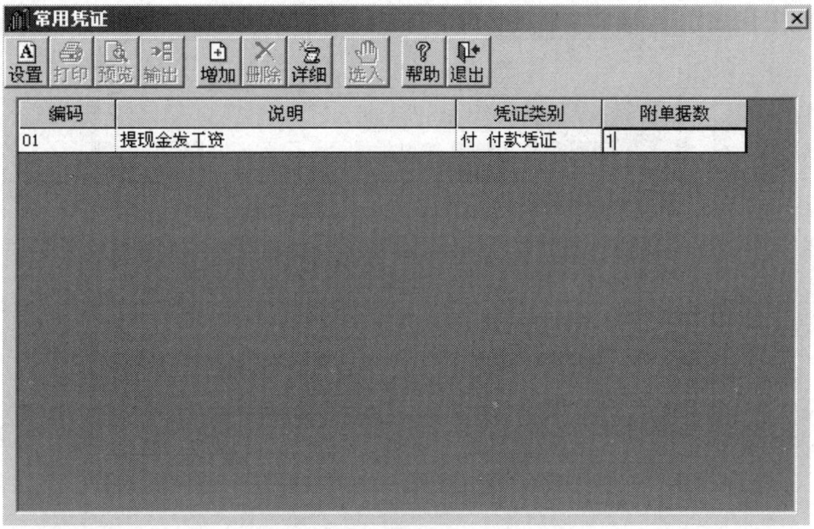

图 4-45　增加常用凭证-2

（3）单击工具栏上的“详细”按钮，然后单击工具栏上的“增加”按钮，输入详细信息，如图 4-46 所示。

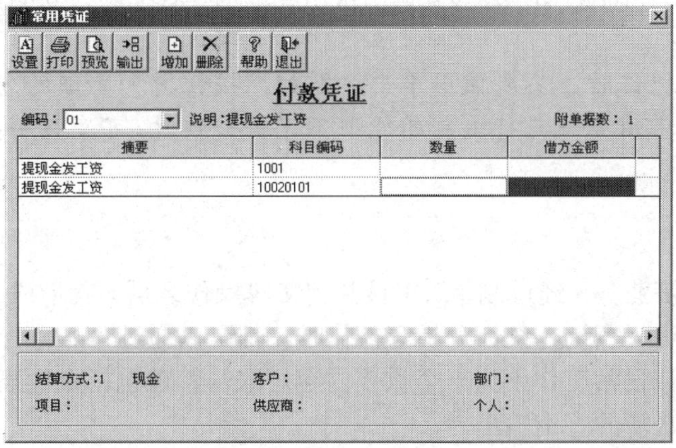

图 4-46　增加常用凭证-3

（4）单击“退出”按钮，保存并返回。

提示：

- 编号是调用常用凭证的依据，所以必须惟一。必须选择凭证类别，方便以后调用常用凭证时，只显示该凭证类别范围内的常用凭证。

例 4-25：调用常用凭证。

操作步骤：

（1）在填制凭证时，选择“制单”|“调用常用凭证”命令，如图 4-47 所示。

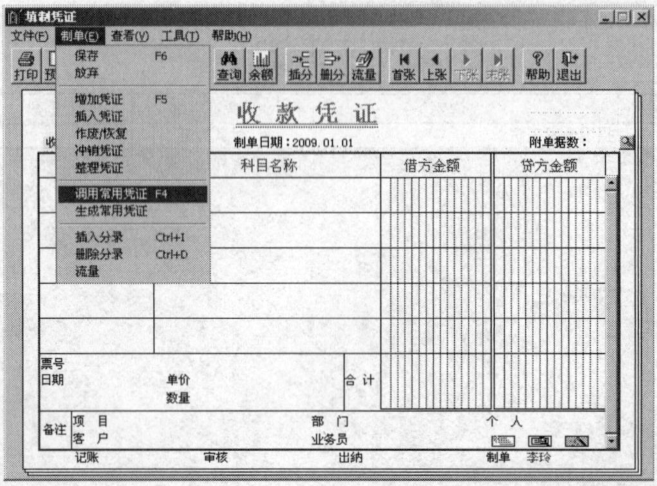

图 4-47 调用常用凭证

（2）根据提示输入常用凭证的编号，或单击按钮或按 F2 键，选择要调用的常用凭证，单击“选入”按钮，即可调出该常用凭证。

如果在“常用凭证”中已定义了与目前将要填制的凭证相类似或完全相同的凭证，调用此常用凭证会加快凭证的输入速度。调用常用凭证后，对金额为 0 的分录系统不予保存。

提示：

- 调用常用凭证时，不要使用单击“增加”按钮增加凭证的方法。
- 若调入的常用凭证与待编制的凭证不完全一致时，可直接将其修改成所需的凭证。

4.4.7 会计账簿

企业发生的经济业务，经过制单、审核和记账等操作之后，就形成了正式的会计账簿，对发生的经济业务进行查询、统计分析等操作时，都可以通过“账簿管理”来完成。

查询账簿是会计日常工作中另一个重要内容。账簿管理包括余额表、明细账、多栏账以及各种辅助核算账簿的查询输出。

账簿查询有未记账凭证的模拟记账功能，使企业能随时了解各科目的最新余额和明细情况，对部门、个人信息反映及时，费用控制更加可靠。

1. 余额表

例 4-26：查询宏发公司 2009 年 1 月份的余额表。

操作步骤：

（1）选择“账表”|“科目账”|“余额表”命令，打开“发生额及余额表查询条件”对话框，如图 4-48 所示。

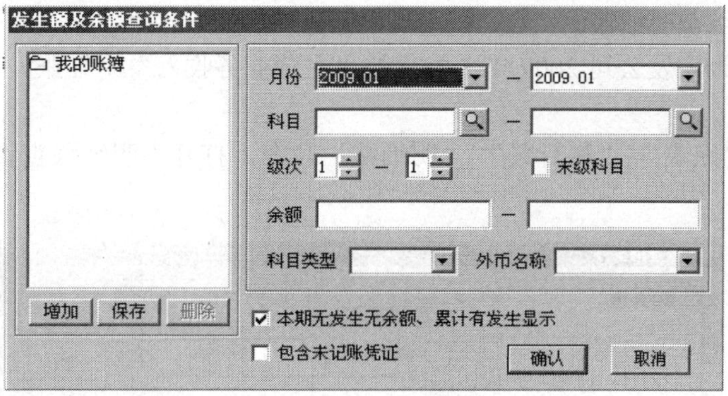

图 4-48　“发生额及余额表查询条件”窗口

（2）在“月份”下拉列表框中输入“2009.01”—“2009.01”，“科目”范围为空。

（3）单击“确认”按钮，显示“发生额及余额表”，如图 4-49 所示。

发生额及余额表

月份：2009.01-2009.01

科目编码	科目名称	期初余额		本期发生		期末余额	
		借方	贷方	借方	贷方	借方	贷方
1001	库存现金	100,000.00		47,539.00	2,375.00	145,164.00	
1002	银行存款	3,215,540.00		83,000.00	47,539.00	3,251,001.00	
1122	应收账款	29,600.00		55,400.00	15,000.00	70,000.00	
1221	其他应收款	11,000.00				11,000.00	
1403	原材料	67,830.00				67,830.00	
1405	库存商品	240,000.00				240,000.00	
1601	固定资产	726,760.00				726,760.00	
资产小计		4,390,730.00		185,939.00	64,914.00	4,511,755.00	
2202	应付账款		16,630.00				16,630.00
负债小计			16,630.00				16,630.00
4001	实收资本		4,000,000.00		68,000.00		4,068,000.00
4103	本年利润		374,100.00				374,100.00
权益小计			4,374,100.00		68,000.00		4,442,100.00
6001	主营业务收入				55,400.00		55,400.00
6602	管理费用			2,375.00		2,375.00	
损益小计				2,375.00	55,400.00	2,375.00	55,400.00
合计		4,390,730.00	4,390,730.00	188,314.00	188,314.00	4,514,130.00	4,514,130.00

图 4-49　余额表查询

提示：

- 可输出总账科目、明细科目的某一时期内的本期发生额、累计发生额和余额。
- 可输出某科目范围的某一时期内的本期发生额、累计发生额和余额。
- 可按某个余额范围内输出科目的余额情况。
- 可查询到包含未记账凭证在内的最新发生额及余额。

2. 明细账

明细账用于平时查询各账户的明细发生情况，及按任意条件组合查询明细账。在查询过程中可以包含未记账凭证。本功能提供了三种明细账的查询格式：普通明细账、按科目排序明细账和月份综合明细账。

- 普通明细账是按科目查询、按发生日期排序的明细账。
- 按科目排序明细账是按非末级科目查询、按其有发生的末级科目排序的明细账。
- 月份综合明细账是按非末级科目查询、包含非末级科目总账数据及末级科目明细数据的综合明细账。

例 4-27：查询宏发公司 2009 年 1 月份的“主营业务收入”明细账。

操作步骤：

（1）选择“账表”|“科目账”|“明细账”命令，打开“明细账查询条件”对话框，如图 4-50 所示。

图 4-50 “明细账查询条件”对话框

（2）在“月份”下拉列表框中输入“2009.01”—“2009.01”，“科目”范围为“6001”-“6001”。

（3）单击“确认”按钮，显示“主营业务收入明细账”，如图 4-51 所示。

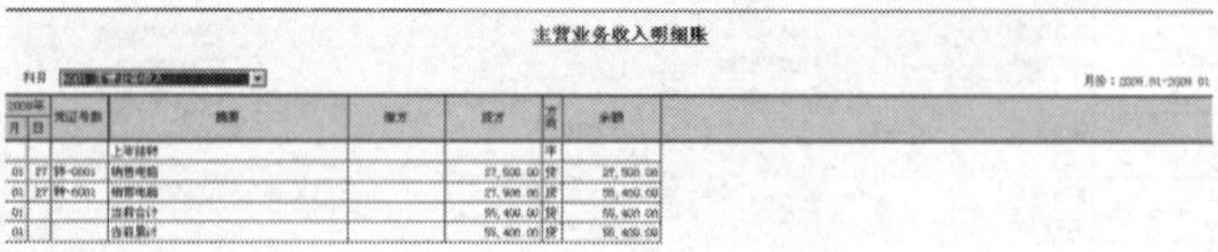

图 4-51 主营业务收入明细账

提示：

- 在设置月份综合明细账查询条件时，必须先指定一级科目，且起始科目与终止科目必须为指定科目或其下属科目，且为同一级次。如指定科目为 1002，则科目范围可输入 100201～100203，也可输入 1002～1002，但不能输入 100201～10020101。
- 按科目范围查询明细账时，不能查询在科目设置中指定为现金银行科目的明细账，但可查月份综合明细账，且可以到“现金银行”中通过现金日记账与银行日记账查询该科目的明细数据。

3．多栏账

在总账系统中，普通多栏账由系统将要分析科目的下级科目自动生成“多栏账”。一般来说，负债、收入类科目分析其下级科目的贷方发生额；资产、费用类科目分析其下级科目借方发生额，并允许随时调整。

多栏账的栏目内容可自定义，可以对科目的分析方向、分析内容和输出内容进行定义，同时可定义多栏账格式，便于满足核算管理需要。

自定义多栏账可根据实际管理需要将不同的科目及不同级次的科目形成新的多栏账，以满足多科目的综合管理。

例 4-28：定义并查询宏发公司 2009 年 1 月份的“管理费用”多栏账。

操作步骤：

（1）选择“账表”|“科目账”|“多栏账”命令，进入“多栏账”窗口。

（2）单击工具栏上的“增加”按钮，打开“多栏账定义”对话框，如图 4-52 所示。

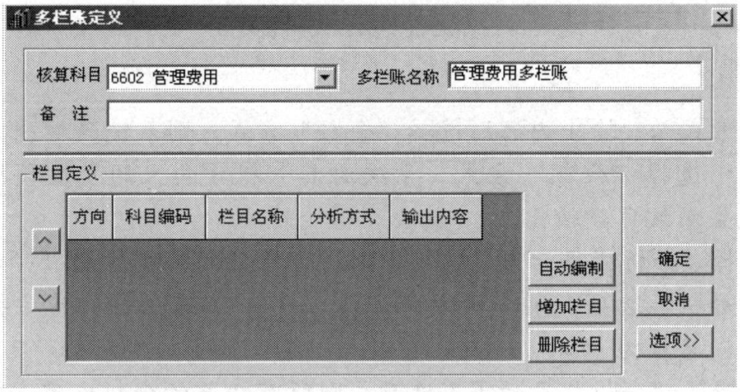

图 4-52　“多栏账定义”对话框

（3）在“核算科目”下拉列表框中选择“6602 管理费用”科目。

（4）在“栏目定义”选项区域，单击“自动编制”按钮，打开“多栏账定义”对话框，将根据所选核算科目的下级科目自动编制多栏账分析栏目，如图 4-53 所示。

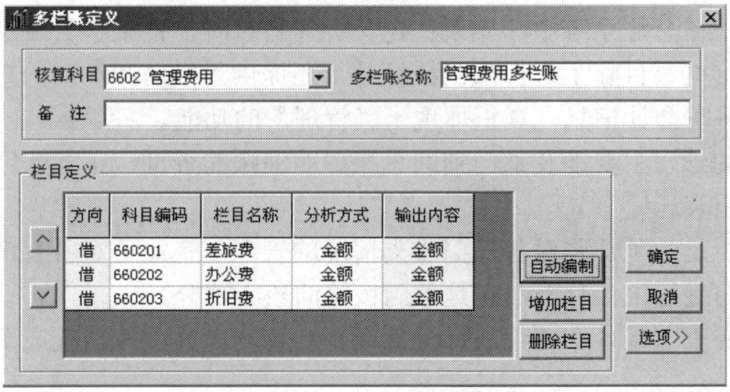

图 4-53　“多栏账定义”对话框

（5）选择“分析方式”和“输出内容”均为“金额”。

（6）单击“确定”按钮，定义完毕，返回到“多栏账”窗口。

（7）单击工具栏上的“查询”按钮，输入多栏账查询条件。

（8）单击“确认”按钮，即可查到“管理费用”多栏账，如图 4-54 所示。

多栏账

多栏 管理费用多栏账

2009年		凭证号数	摘要	借方	贷方	方向	余额	借方		
月	日							差旅费	办公费	折旧费
01	01	付-0001	购买办公用品	1,675.00		借	1,675.00		1,675.00	
01	01	付-0001	购买办公用品	700.00		借	2,375.00		700.00	
01			当前合计	2,375.00		借	2,375.00		2,375.00	
01			当前累计	2,375.00		借	2,375.00		2,375.00	

图 4-54 多栏账查询

提示：

- “分析方式”、“输出内容”选择“金额”方式，则系统只输出其分析方向上的发生额；选择“余额”方式，系统对其分析方向上的发生额按正数输出，其相反发生额按负数输出。
- 如果选择“分析栏目后置”选项，则所有栏目的分析方向必须相同，且若选择“借方分析”选项，则分析方向必须为“借”，若选择“贷方分析”选项，则分析方向必须为“贷”。
- 如果选择了“分析栏目后置”选项，则所有栏目的分析内容必须相同，且不能输出外币及数量。

4. 辅助账

采用个人、部门等辅助核算的会计科目可以进行专门的辅助账的查询。以部门辅助账为例说明辅助账的查询及分析方法。

部门辅助账：在总账系统中，如果在定义会计科目时，把某科目账类标注为部门辅助核算，系统则对这些科目除了进行部门核算外，还提供了横向和纵向的查询统计功能，为企业管理者输出各种会计信息，真正体现了“管理”的功能。

部门辅助账的管理主要涉及部门辅助总账、明细账的查询、正式账簿的打印以及如何得到部门收支分析表。

部门收支分析是为了加强对各部门收支情况的管理，企业可对所有部门核算科目的发生额及余额按部门进行统计分析，它是部门核算的核心部分。

部门收支分析表即是各个部门或部分部门指定期间内的收入情况或费用开支情况汇总分析的报表。

统计分析数据，可以是发生额、余额或同时有发生额和余额。

例如：假定产品销售收入科目的账类已定义为“部门核算”，通过该功能就可以方便地输出过去的任一时期内各个销售部门的销售情况。

再例如：假定管理费用科目下各个二级科目的账类已定义为“部门核算”，同样可以通过本功能方便地输出本年度内任一会计期，各个部门某项管理费用的开支情况。

例 4-29：查询宏发公司 2009 年 1 月份的部门总账。

操作步骤：

（1）选择“总账”|“辅助查询”|“部门总账”|“部门科目总账”命令，如图 4-55 所示。

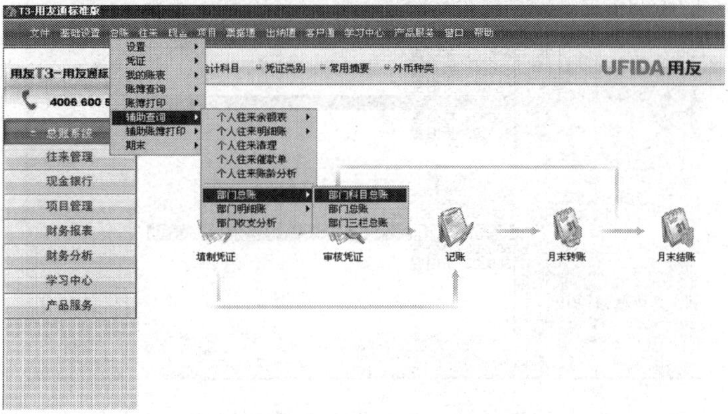

图 4-55　部门账查询

（2）在“部门科目总账条件”对话框中，在“科目”下拉列表框中输入“660202 办公费”，在“部门”下拉列表框中可选择具体部门，为空是默认值，表示全部部门，如图 4-56 所示。

图 4-56　“部门科目总账条件”对话框

（3）单击“确定”按钮，进入“部门总账”窗口，查询结果如图 4-57 所示。

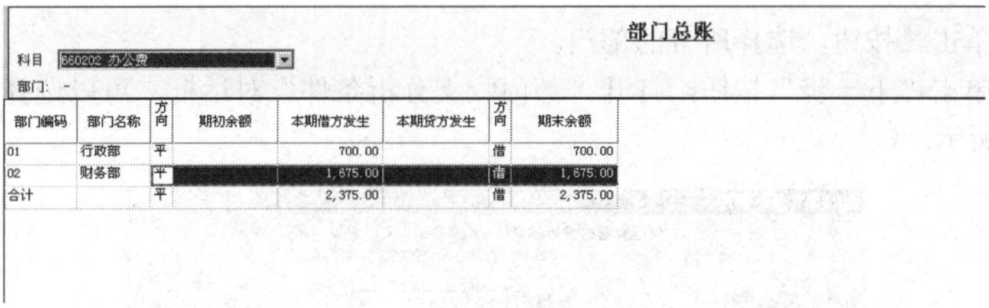

图 4-57　“部门总账”窗口

（4）将光标定在总账的某笔业务上，单击工具栏上的“明细”按钮，可以联查部门明细账。

例 4-30：宏发公司进行 2009 年 1 月份的部门收支分析查询。

操作步骤：

（1）选择“总账”|“辅助查询”|“部门收支分析”命令，打开“部门收支分析条件”对话框，可以选择分析科目，如图 4-58 所示。

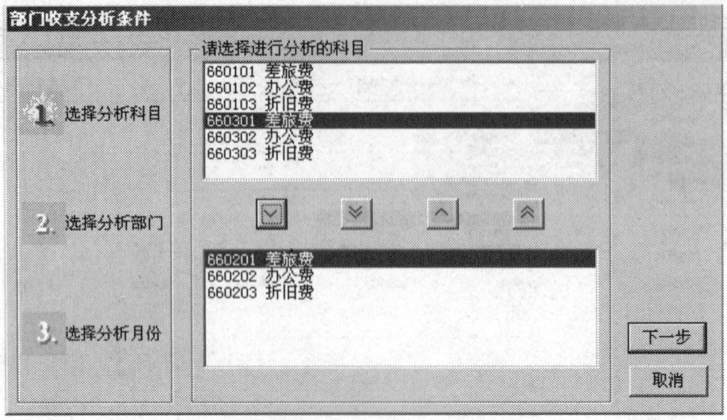

图 4-58　部门收支分析查询-1

（2）单击按钮，选择所有的部门核算科目。

（3）单击“下一步”按钮，打开“部门收支分析条件”对话框，可以选择分析部门，如图 4-59 所示。

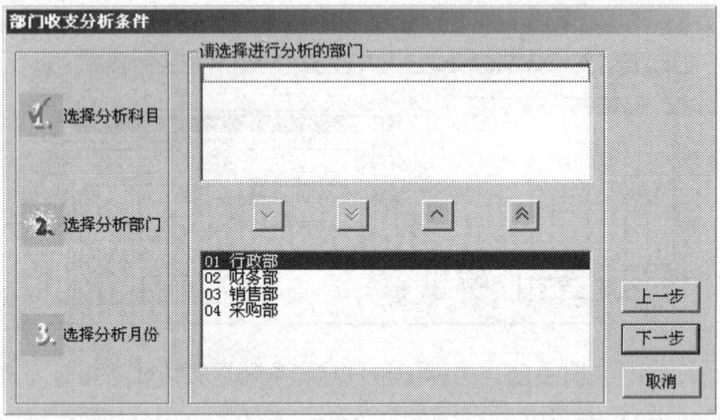

图 4-59　部门收支分析查询-2

（4）单击按钮，选择所有的部门。

（5）单击“下一步”按钮，打开“部门收支分析条件”对话框，可以选择分析月份，如图 4-60 所示。

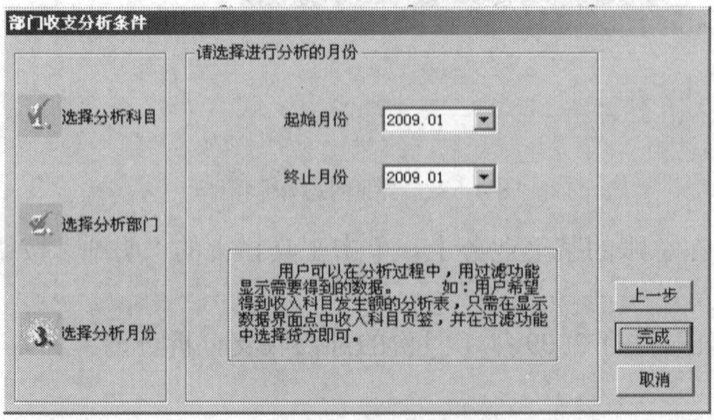

图 4-60　部门收支分析查询-3

（6）输入“起始月份”为“2009.01”，“终止月份”为“2009.01”。

（7）单击“完成”按钮，进入“部门收支分析表”窗口，查询结果如图 4-61 所示。

部门收支分析表

2009.01-2009.01

全部 | 收入科目 | 费用科目

科目编码	科目名称	统计方式	方向	合计	01 行政部	02 财务部	03 销售部	04 采购部
				金额	金额	金额	金额	金额
660201	差旅费	期初	借					
		借方						
		贷方						
		期末	借					
660202	办公费	期初	借					
		借方		2,375.00	700.00	1,675.00		
		贷方						
		期末	借	2,375.00	700.00	1,675.00		
660203	折旧费	期初	借					
		借方						
		贷方						
		期末	借					
费用科目	合计	期初	借					
		借方		2,375.00	700.00	1,675.00		
		贷方						
		期末	借	2,375.00	700.00	1,675.00		

图 4-61　部门收支分析查询-4

提示：

- 在查询上级部门的数据时自动包含其所有下级部门的数据。
- 使用过滤功能可快速查询统计结果。单击工具栏上的“过滤”按钮，选择过滤方式即可。系统提供的过滤方式有“期初”、“借方”、“贷方”和“期末”四种。
- 分别选择“全部”、“收入科目”和“费用科目”选项卡，可按不同会计要素分析各部门收支情况。
- 选择分析的科目辅助核算项必须设置“部门核算”。

4.5　期末业务处理

期末业务处理是指在将月末或年末对所发生的经济业务全部登记入账后所要做的工作，主要包括计提、分摊、结转、对账和结账。期末会计业务与日常业务相比较，数量不多，但业务种类繁杂且时间紧迫。在手工会计工作中，每到会计期末，会计人员的工作非常繁忙。而在计算机处理下，由于各会计期间的许多期末业务具有较强的规律性，由计算机来处理这些有规律的业务，不但节省会计人员的工作量，也可以加强财务核算的规范性。

4.5.1　定义转账凭证

第一次使用总账系统，对于期末应进行的自动转账业务应先进行“转账定义”，即设置自动转账分录。定义完转账分录后，在以后各月只需调用“转账生成”功能，即可快速生成转账凭证。但当某转账凭证的转账公式有变化时，需先在“转账定义”中修改转账凭证内容，然后再转账。

设置自动转账分录就是将凭证的摘要、会计科目、借贷方向以及金额计算方法存入计算机中的过程。包括增加、删除、修改分录或对自动转账分录进行查询打印。如何设计金额的计算公式是自动转账的关键。

“转账定义”提供 6 种转账功能的定义：自动定义转账、对应结转、销售成本结转、售价（计划价）销售成本结转、汇兑损益结转和期间损益结转。

1. 自定义转账设置

由于各个企业情况不同，各种计算方法也不尽相同，特别是对各类成本费用分摊结转方式的差异，必然会造成各个企业这类转账的不同。为适应各个企业不同转账的需要，用户可以自行定义自动转账凭证。

设置转账分录时，首先设置转账分录的基本内容，如凭证的摘要、会计科目和借贷方向等。

系统在生成自动转账凭证之前，要求将以前的经济业务全部登记入账，方可采用自定义转账分录生成机制凭证。

例 4-31：宏发公司根据以下资料设置自动转账分录。

计提短期借款利息（年利率 15%）。

借：财务费用-利息　取对方科目计算结果

贷：应付利息　2231 科目的贷方期末余额*15%/12

操作步骤：

（1）选择“期末”|“转账定义”|“自定义转账”命令，进入“转账生成”窗口，如图 4-62 所示。

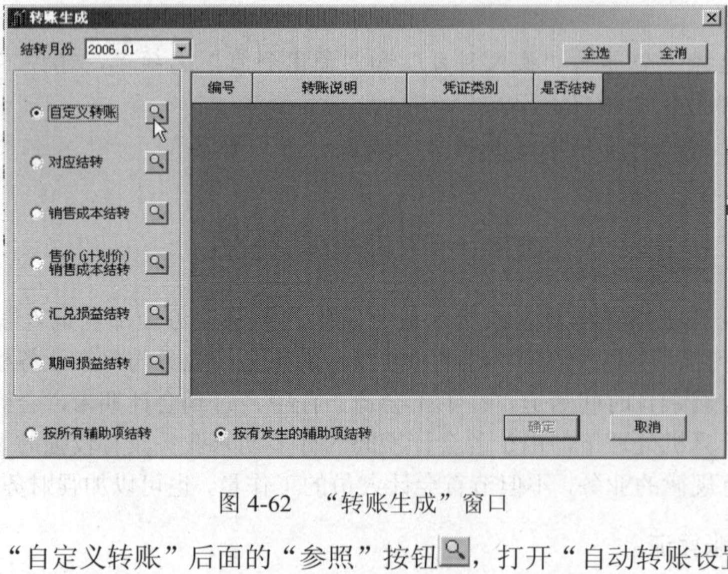

图 4-62　“转账生成”窗口

（2）单击“自定义转账”后面的“参照”按钮，打开“自动转账设置”对话框，如图 4-63 所示。

（3）单击工具栏上的“增加”按钮，打开“转账目录”对话框。

（4）依次输入“转账序号”为 0001，“转账说明”为“计提短期借款利息”，“凭证类别”为“转账凭证”，如图 4-64 所示。

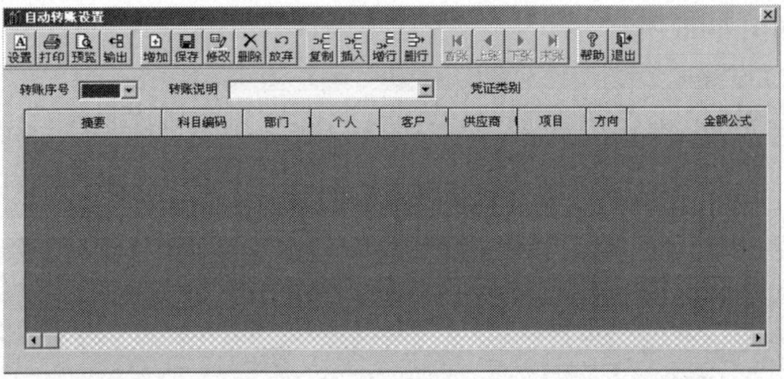

图 4-63 “自动转账设置”窗口

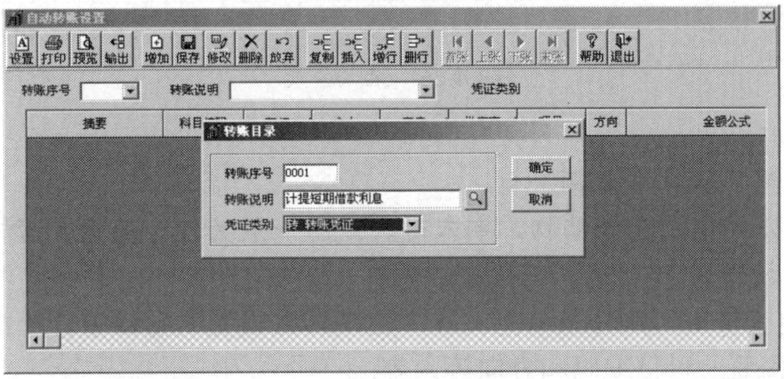

图 4-64 “转账目录”窗口

（5）单击“确定”按钮，返回“自动转账设置”窗口，继续定义转账凭证分录信息。

提示：

- 转账科目可以为非末级科目；部门可为空，表示所有部门。
- 若输入的是非末级科目，可先按非末级科目设定义转账分录，然后再选择需结转的明细科目，系统会自动复制明细科目转账分录。

（6）继续定义借方转账分录信息。在“科目编码”文本框中输入“660304”，在“方向”下拉列表框中选择“借”选项，如图 4-65 所示。

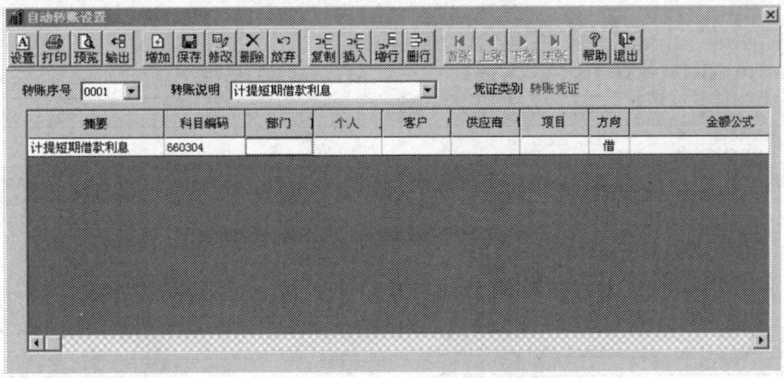

图 4-65 已设置的转账分录的内容

（7）移动下方滚动条至“金额公式”文本框。

（8）在“自定义转账设置”窗口中，双击要输入的“金额公式”文本框，直接输入公式“JG（ ）”，如图 4-66 所示。

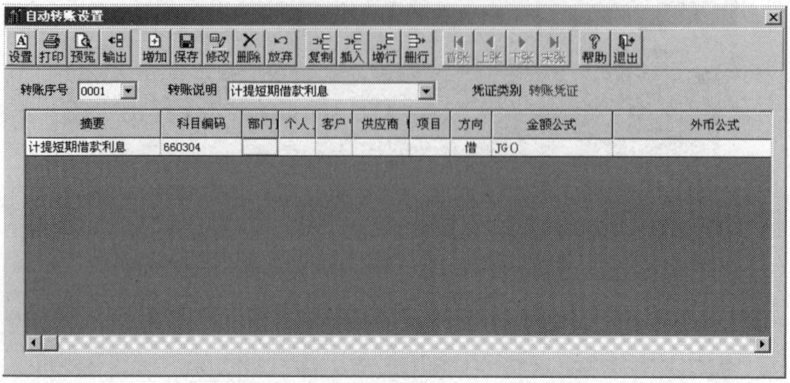

图 4-66　录入公式

提示：

- JG（）表示取对方金额。
- 在函数公式中，选择期初、期末时，方向一般为空，避免由于出现反向余额时发生取数错误。

（9）继续定义贷方转账分录信息。在“自动转账设置”窗口中，单击工具栏“增行”按钮，依次输入摘要、科目编码和方向等内容。

（10）双击“金额公式”文本框，打开“公式向导”对话框。

（11）拖动左边上下滚动条，选择“期末余额 QM（ ）”选项。

（12）单击“下一步”按钮，打开“公式向导”对话框。

（13）在“科目编码”文本框中输入“2231”；选择“期间”为“月”；“方向”为空；单击“按默认值取数”单选按钮；选中“继续输入公式”复选框后；单击运算号“*（乘）”单选按钮。

（14）单击“下一步”按钮。

（15）在“公式名称”下拉列表框中选择“常数”选项，如图 4-67 所示。

图 4-67　继续录入公式

（16）单击“下一步”按钮。

（17）在“常数”文本框中输入“0.15”，选中“继续输入公式”复选框，单击运算符“ / （除）”单选按钮，如图 4-68 所示。

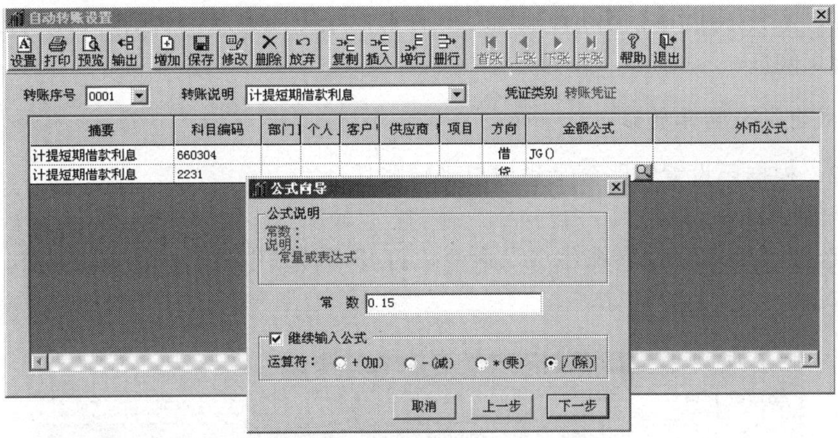

图 4-68 录入常数

（18）输入常数“12”后，单击“完成”按钮，得到公式：QM（2001,月）*0.15 / 12，如图 4-69 所示。

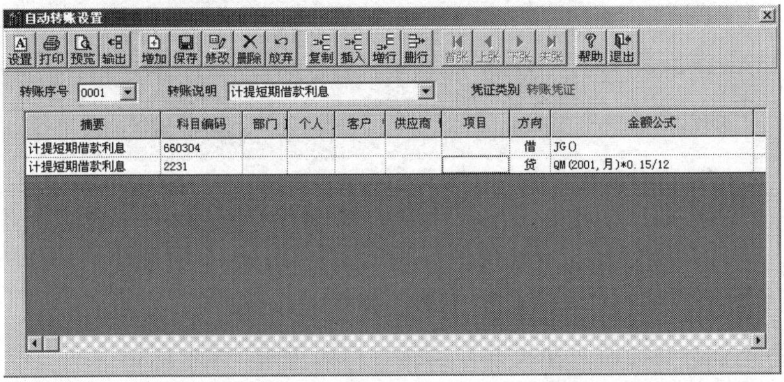

图 4-69 已设置的自定义转账凭证的内容

（19）单击“保存”按钮，自定义转账公式设置成功。

2. 期间损益结转设置

期间损益结转主要用于在一个会计期间终了将损益类科目的余额结转到本年利润科目中，从而及时反映企业利润的盈亏情况。主要是对于管理费用、销售费用、财务费用、销售收入和营业外收支等科目的结转。

提示：

- 每个损益类科目的期末余额将结转到与其同一行的本年利润科目中去。
- 若损益科目与本年利润科目都有辅助核算，则辅助账类必须相同。
- 本年利润科目必须为末级科目，且为本年利润入账科目的下级科目。

4.5.2 转账生成

在定义完成转账凭证后，每月月末只需执行本功能即可快速生成转账凭证，在此生成的转账凭证将自动追加到未记账凭证中去。由于转账是按照已记账凭证的数据进行计算的，所以在进行月末转账工作之前，必须先将所有未记账凭证记账，否则，将影响生成的转账凭证数据的正确性。

1. 生成自定义转账凭证

例 4-32：根据已设置转账分录生成自动转账凭证。

操作步骤：

（1）选择“期末”|“转账生成”命令，打开“转账生成”对话框，单击“自定义转账”单选按钮，如图 4-70 所示。

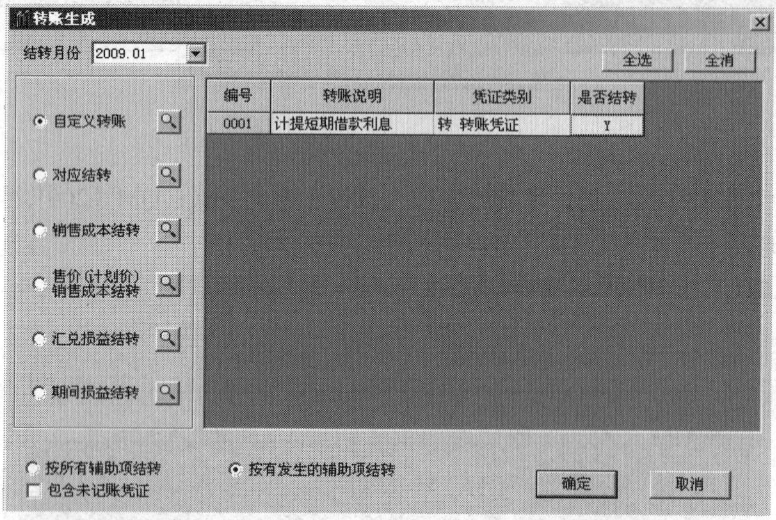

图 4-70 转账生成-自定义转账

（2）单击“全选”按钮，在“是否结转”栏内出现“Y”标记。

（3）单击“确定”按钮，即可生成凭证。

（4）单击工具栏上的“保存”按钮，系统自动将当前凭证追加到未记账凭证中。

2. 对应结转生成

生成对应结转凭证的操作与自定义转账生成的操作基本相同。结转时应视实际情况按照合理的先后次序逐一生成。

3. 期间损益结转生成

生成期间损益结转凭证的操作与自定义转账生成的操作基本相同。期间损益结转既可以按科目分别结转，也可以按损益类型结转，又可以按全部结转，结转方式应视实际情况而定。

生成期间损益结转凭证之前，应先将所有未记账凭证审核记账，否则，生成的凭证数据可能有误。

例 4-33：生成期间损益结转凭证。

操作步骤：

（1）在“转账生成”对话框中，单击“期间损益结转”单选按钮，如图 4-71 所示。

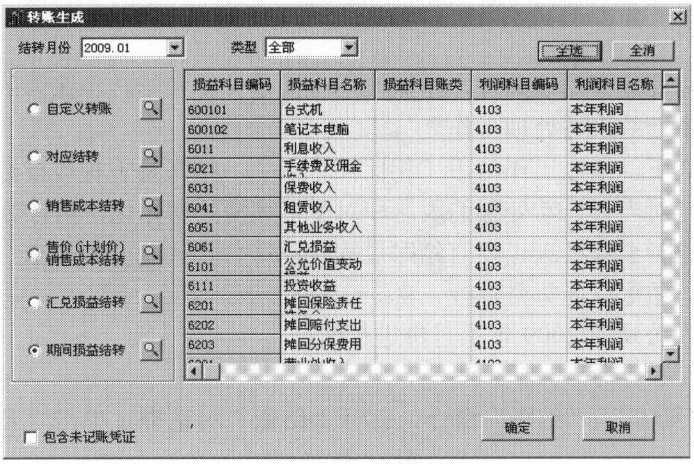

图 4-71　转账生成-期间损益结转

（2）在“类型”下拉列表框中选择“全部”选项。

（3）单击“全选”按钮，在“是否结转”栏内出现“Y”标记。

（4）单击“确定”按钮，即可生成凭证，结果如图 4-72 所示。

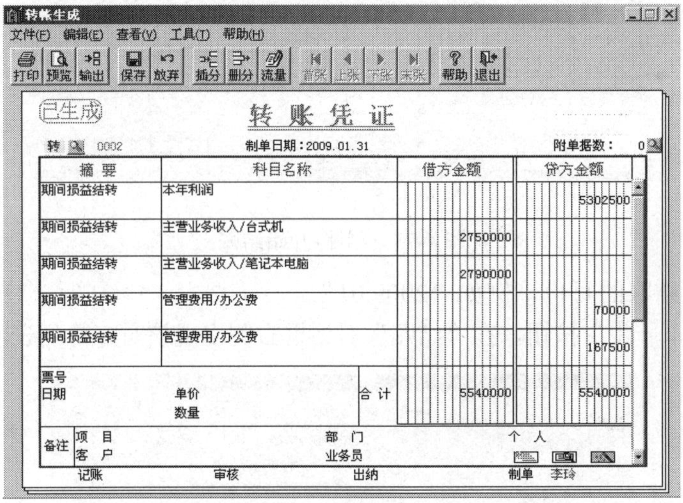

图 4-72　转账生成-期间损益结转凭证

（5）单击工具栏上的“保存”按钮，系统自动将当前凭证追加到未记账凭证中。

提示：

- 损益科目结转表中将列出所有损益科目，若某损益科目参与期间损益的结转，则应填写相应的本年利润科目。

- 损益科目结转表的每一行中的损益科目的期末余额将转到该行的本年利润科目中去。
- 损益科目结转表中的本年利润科目必须为末级科目，且为本年利润入账科目的下级科目。

4.5.3 月末结账

每月月底都需要进行结账处理，结账实际上就是计算和结转各账簿的本期发生额和期末余额，并终止本期的账务处理工作。

在计算机方式下，结账工作与手工相比简单多了，结账是一种成批数据处理，每月只结账一次，主要是对当月日常处理的限制和对下月账簿的初始化，由计算机自动完成。

利用计算机进行会计处理也要有结账过程，以符合会计制度的要求。因此，系统提供了“结账”功能，结账只能每月进行一次。

例 4-34：宏发公司对 2009 年 1 月份进行结账。

操作步骤：

（1）选择“期末”|“结账”命令，打开“结账”对话框，单击“开始结账”按钮，如图 4-73 所示。

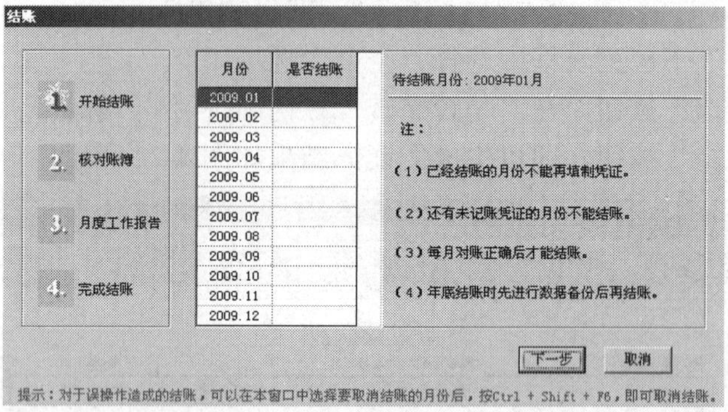

图 4-73 结账-开始结账

（2）单击要结账的月份，例如“2009.01”。

（3）单击“下一步”按钮，在“结账”对话框右侧出现核对账簿列表，如图 4-74 所示。

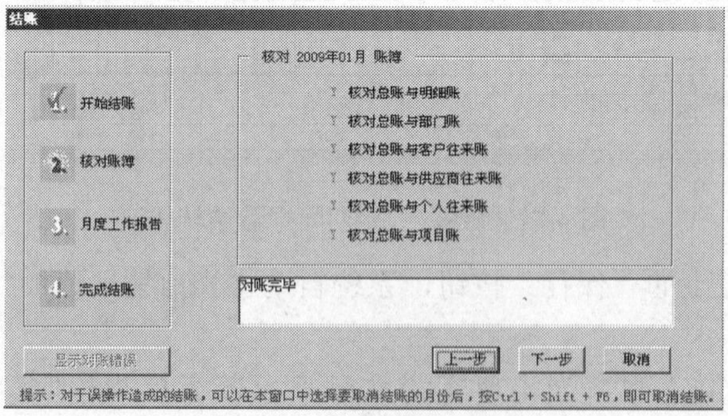

图 4-74 结账-核对账簿

（4）单击“下一步”按钮，系统对要结账的月份进行账账核对。

（5）对账完毕后，单击“下一步”按钮，在“结账”对话框右侧出现月度工作报告，如图 4-75 所示。

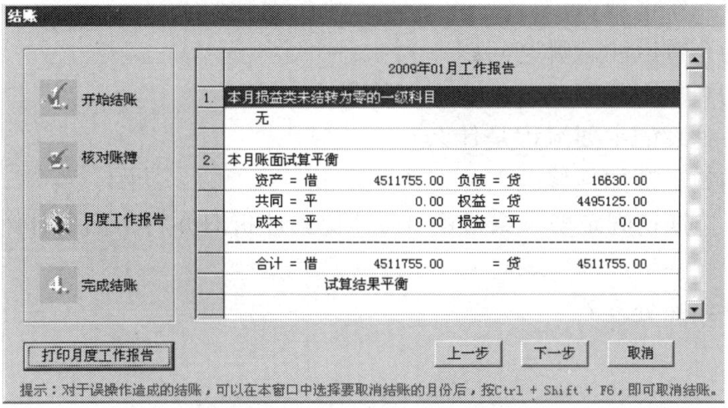

图 4-75　结账-月度工作报告

（6）若需打印，单击“打印月度工作报告”按钮，即可打印。

（7）查看工作报告后，单击“下一步”按钮，在“结账”对话框右侧出现完成结帐的提示，如图 4-76 所示。

图 4-76　结账-完成结账

（8）单击“结账”按钮，若符合结账要求，系统将进行结账，否则不予结账。

提示：

- 结账前，要进行数据备份。
- 进入结账向导四—完成结账时，如果提示“未通过检查不能结账”时，可单击“上一步”按钮，查看月度工作报告，仔细查找原因。
- 已结账月份不能再填制凭证。
- 结账只能由有结账权的人进行。

思考题

1．总账系统初始化的内容有哪些？

2．如何设置系统选项？

3．录入期初余额应注意哪些问题？

4．如果期初余额不平衡对日常业务有何影响？

5．日常业务处理的主要流程是什么？

6．已记账的凭证应如何修改？

7．如何设置按期初固定资产余额的 3%计提累计折旧并将折旧费计入管理费用的自定义转账凭证？

8．如何进行结账处理？

第 5 章　现金银行

现金和银行存款是企业的货币资金，由于它们具有的一些特性，管好、用好货币资金是现代企业管理的一项重要内容。现金管理功能是出纳人员进行管理货币资金的一套工具，包括查询和输出现金、银行存款日记账和资金日报表，对支票登记簿进行管理和银行对账。

本章重点：

- 查询日记账的方法
- 查询日报表的方法
- 银行对账的方法

5.1　查询日记账

日记账是指现金和银行存款日记账。在日常业务处理过程中，通过记账功能就能直接完成日记账的记账操作。日记账的作用只是用于查询和输出现金和银行存款的账务资料。现金日记账及银行存款日记账查询功能，既可以查询某一天的现金或银行存款日记账也可以查询某一个月份的现金及银行存款日记账，在系统中如果要查询现金及银行存款日记账除了要在总账系统中“系统初始化”的“会计科目”设置中将“现金”和“银行存款”科目设置为“日记”账外，还必须在“会计科目”功能下的“指定科目”中将“现金”科目指定为“现金总账科目”，将“银行存款”科目指定为“银行存款总账科目”，否则将不能完成查询现金及银行存款日记账的操作。

5.1.1　日记账

日记账主要包括“现金日记账”、“银行日记账”和“资金日报”三项内容，如图 5-1 所示。

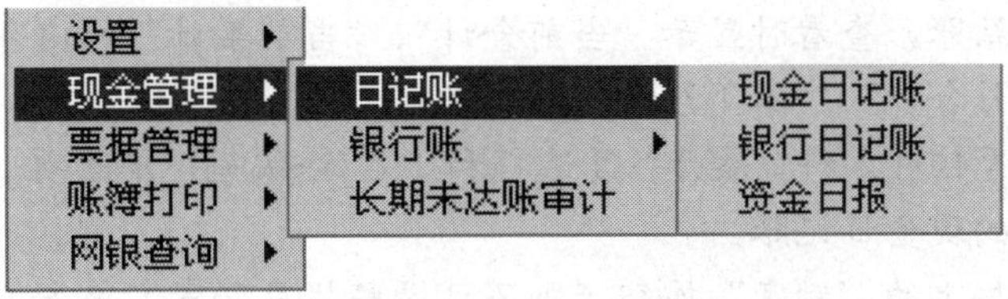

图 5-1　日记账包含的内容

例 5-1：查询宏发公司现金日记账。

操作步骤：

（1）选择“现金管理”|“日记账”|“现金日记账”命令，打开“现金日记账查询条件”对话框，如图 5-2 所示。

图 5-2　“现金日记账查询条件”对话框

（2）选择科目为“1001 库存现金”，其余条件不变。

（3）单击“确认”按钮，进入“现金日记账”窗口，如图 5-3 所示。

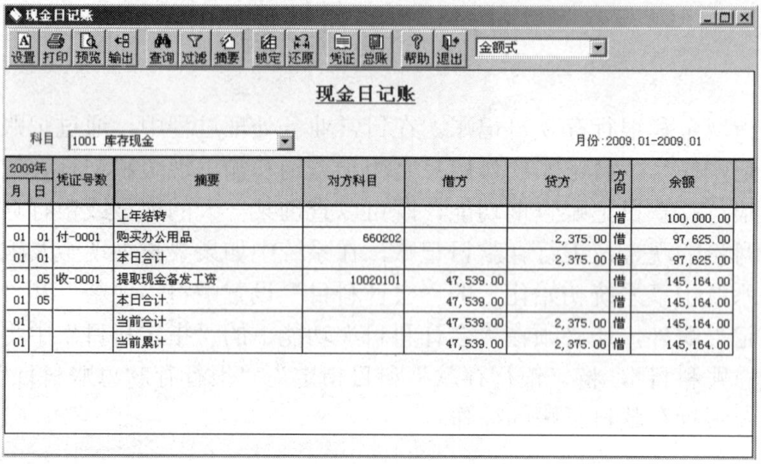

图 5-3　“现金日记账”窗口

提示：

- 要查看“包括未记账凭证”的日记账，可选中“包括未记账凭证”复选框。如果本月尚未结账，查看时显示“当前合计”、“当前累计”的内容。如果本月结账，显示“本月合计”、“本年累计”的内容。
- 选择“是否按对方科目展开”复选框和“名称+编码”单选项，显示按对方科目名称及编码的现金日记账。
- 单击工具栏上的“锁定”按钮，则不可调整栏目列宽。单击工具栏上的“还原”按钮，返回系统默认的列宽。

5.1.2　银行日记账

在现金管理的日记账功能中可以查询银行存款日记账。

例 5-2：查询宏发公司银行日记账。

操作步骤：

（1）选择“现金管理”|“日记账”|“银行日记账”命令，打开“银行日记账查询条

件”对话框，如图 5-4 所示。

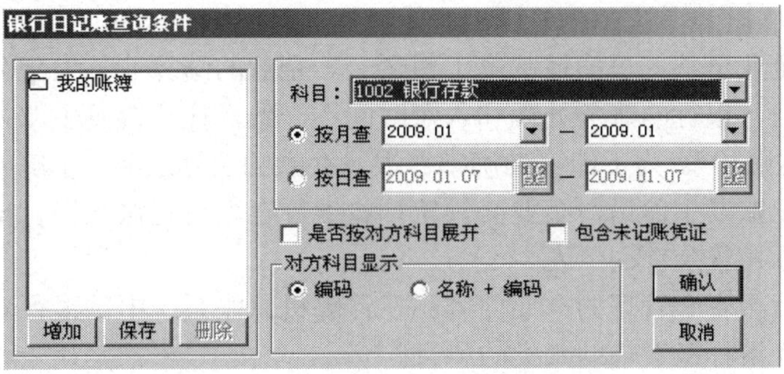

图 5-4 “银行日记账查询条件”对话框

（2）选择科目为“1002 银行存款”，其余条件不变。

（3）单击“确认”按钮，进入“银行日记账”窗口，如图 5-5 所示。

图 5-5 “银行日记账”窗口

5.1.3 资金日报表

资金日报表是反映现金、银行存款每日发生额及余额情况的报表，在企业财务管理中占据重要位置。“资金日报”功能用于查询输出现金、银行存款科目某日的发生额及余额情况。

资金日报表查询中，提供今日共借、今日共贷、今日余额、借方笔数、贷方笔数和昨日余额的合计数，并按币种进行合计，每个币种一行，合计以末级科目的金额计算。

5.1.4 打印日记账

使用“打印”功能，可打印正式现金日记账、银行存款日记账。现金日记账和银行存款日记账，要每天登记，做到日清月结。如果业务较多要每天打印输出，如果每天业务较少也可按旬打印输出。定期采用计算机打印输出的活页账页装订成册。

5.2 银行对账

银行对账是企业出纳人员的最基本工作之一。企业的结算业务大部分要通过银行进行结算，但由于企业与银行的账务处理和入账时间不一致，往往会发生双方账面不一致的情况，即所谓“未达账项”。为了能够准确掌握银行存款的实际余额，了解实际可以动用货币资金数额，防止记账发生差错，企业必须定期将银行存款日记账与银行出具的对账单进行核对，并编制银行存款余额调节表。

银行对账是货币资金管理的主要内容。在计算机总账系统中，银行对账的科目是在科目设置时定义为“银行账”辅助账类的科目。

5.2.1 输入银行对账期初数据

为了保证银行对账的正确性，在使用“银行对账”功能进行对账之前，必须在开始对账的月初先将日记账、银行对账单未达项输入系统中。使用账务处理系统处理日常业务后，系统将自动形成银行日记账的未达账项。

“银行对账期初”功能是用于第一次使用银行对账模块前输入日记账及对账单未达项，在开始使用银行对账之后一般不再使用。

例 5-3：宏发公司进行银行对账，生成银行存款余额调节表。

根据以下资料输入期初余额：

宏发电脑公司银行账的启用日期为“2009/01/01”，科目为“工行人民币存款”，企业日记账余额为 3,207,000 元，银行对账单余额为 3,247,000 元，未达账项一笔，系银行已收企业未收款 40,000 元。

操作步骤：

（1）选择“出纳”|“银行对账”|“银行对账期初输入”命令，打开“银行科目选择”对话框。

（2）选择“银行存款-工行人民币存款（10020101）”科目，单击“确定”按钮，进入“银行对账期初”窗口。

（3）确定“启用日期”为 2009.01.01。

（4）在“单位日记账”选项区域的“调整前余额”下拉列表框中输入 3,207,000.00。

（5）在“银行对账单”的“调整前余额”下拉列表框中输入 3,247,000.00，如图 5-6 所示。

（6）单击“对账单期初未达项”按钮，弹出“银行方期初”对话框，如图 5-7 所示。

（7）单击“增加”按钮，输入“日期”为 2008.12.31；“结算方式”为 21（现金支票）；“票号”为 111133，“借方金额”为 40,000，如图 5-7 所示。

（8）单击“保存”按钮。

完成银行对账期初的设置。

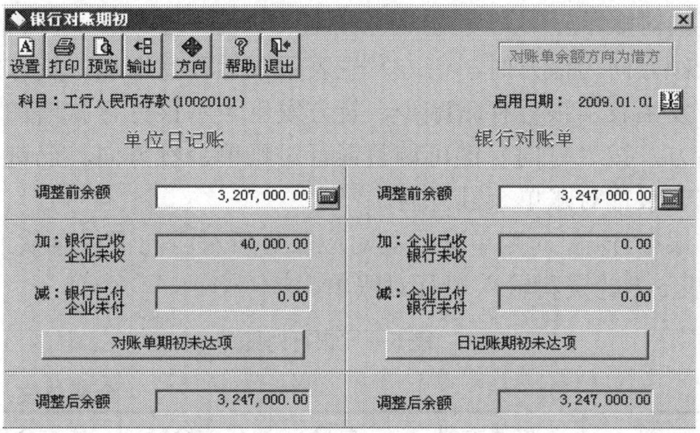

图 5-6　“银行对账期初”对话框

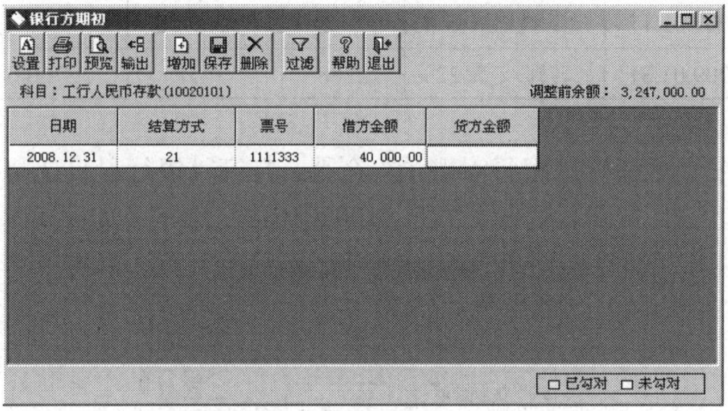

图 5-7　“银行方期初”对话框

提示：

- 单击“对账单期初未达项”和“日记账期初未达项”按钮，输入银行对账单及单位日记账未达账期初未达项，系统将根据调整前余额及期初未达项自动计算出银行对账单与单位日记账的调整后余额。
- 单位日记账与银行对账单的“调整前余额”应分别为启用日期时该银行科目的科目余额及银行存款余额；“期初未达项”分别为上次手工勾对截止日期到启用日期前的未达账项；“调整后余额”分别为上次手工勾对截止日期的该银行科目的科目余额及银行存款余额。若输入正确，则单位日记账与银行对账单的调整后余额应平衡。
- 输入的银行对账单、单位日记账的期初未达项的发生日期不能大于等于此银行科目的启用日期。
- 在期初未达账项输入完毕后，请不要随意调整启用日期，尤其是向前调，这样容易造成启用日期后的期初数无法参与对账。

5.2.2　输入银行对账单

银行对账期初设置完成后，下面要输入或引入银行对账单，注意此处录入的银行对账单为启用日期之后的对账单。

银行对账单余额方向为借方时，借方发生表示银行存款增加，贷方发生表示银行存款减少；反之，借方发生表示银行存款减少，贷方发生表示银行存款增加。系统默认银行对账单余额方向为借方，按“方向”键可调整银行对账单余额方向。已进行过银行对账勾对的银行科目不能调整银行对账单余额方向。

若企业在多家银行开户，对账单应与其对应账号所对应的银行存款下的末级科目一致。

例 5-4：根据表 5-1 的资料输入银行对账单。

表 5-1　银行对账单

金额单位：元

日期	结算方式	票号	借方金额	贷方金额
2009.01.05	现金支票 21	2345		47539.00
2009.01.17	现金 1		15000.00	
2009.01.31	转账支票 22	2288		32760.00

操作步骤：

（1）选择“银行对账”|“银行对账单”命令，打开“银行科目选择”对话框，在“科目”下拉列表框中选择“工行人民币存款（10020101）”选项，如图 5-8 所示。

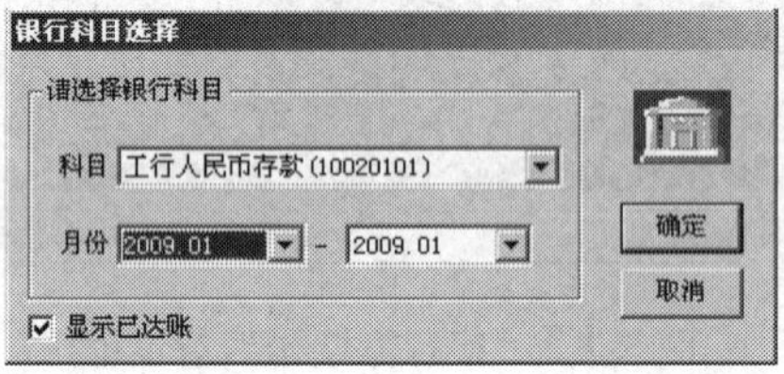

图 5-8　银行对账单-1

（2）单击“确定”按钮，进入“银行对账单”窗口。单击工具栏上的“增加”按钮，参照银行对账资料，逐笔录入“日期”、“结算方式”、“票号”、“借方金额”和“贷方金额”等内容，如图 5-9 所示。

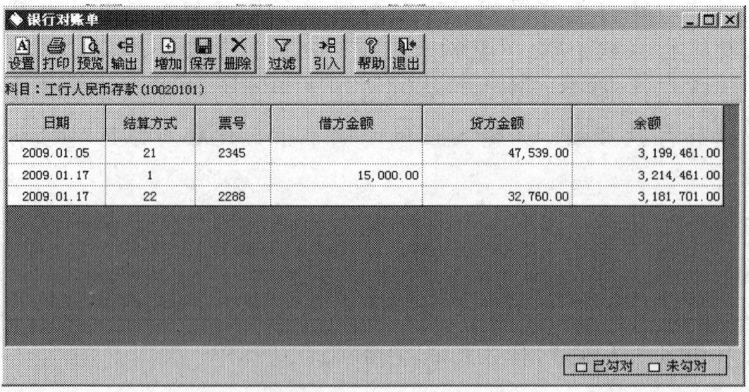

图 5-9　银行对账单-2

（3）单击工具栏上的“保存”按钮，完成工行银行对账单的输入。

5.2.3　自动对账

自动对账是计算机根据对账依据自动进行核对、勾销。对账的依据通常是“结算方式＋结算号＋方向＋金额”或“方向＋金额”。对于已核对上的银行业务，系统将自动在银行存款日记账和银行对账单双方写上两清标志“○”，并视为已达账项，对于在两清栏未写上两清符号的记录，系统则视其为未达账项。

例 5-5：进行 2009 年 1 月份银行对账的自动对账处理。

操作步骤：

（1）选择“银行对账”|“银行对账”命令，打开“银行科目选择”对话框，单击“确定”按钮，进入“银行对账”窗口。

（2）单击工具栏上的“对账”按钮，打开“自动对账”对话框。

（3）在“截止日期”文本框中输入“2009.01.31”。使用系统提供的默认对账条件，如图 5-10 所示。

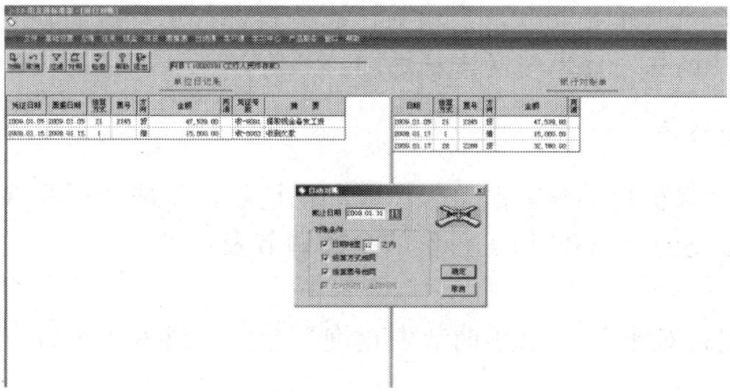

图 5-10　自动对账-1

（4）单击“确定”按钮，系统显示自动对账结果，如图 5-11 所示。

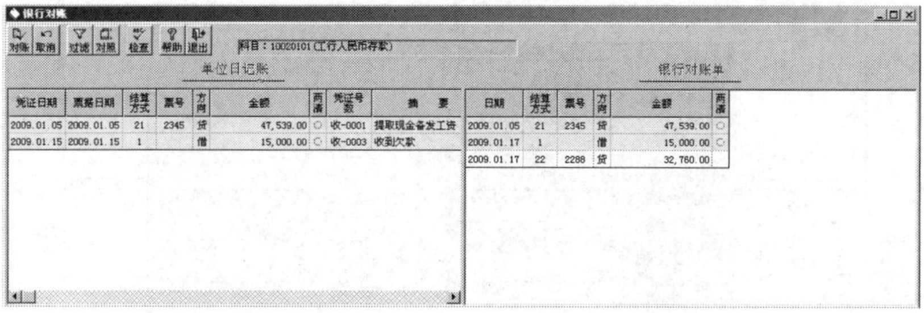

图 5-11　自动对账结果

提示：

- 若在“银行对账期初”中定义“银行对账单余额方向”为借方，则对账条件为方向相同、金额相同的日记账与对账单进行勾对；若在“银行对账期初”中定义“银行对账单余额方向”为贷方，则对账条件为方向相反、金额相同的日记账与对账单进行勾对。

- 单击“显示方向”按钮，可上下显示单位日记账与银行对账单。

5.2.4 手工对账

手工对账是对自动对账的补充。采用自动对账后，由于系统中的银行未达账项是通过凭证处理自动形成的，期间有人工输入过程，可能存在不规范输入的情况，造成一些特殊的已达账项尚未勾对出来而被视作未达账项。为了保证对账更彻底准确，可通过手工对账进行调整勾销。手工对账两清的记录标记为“Y”。

提示：

- 如果在对账单中有两笔以上记录同日记账对应，则所有对应的对账单都应标上两清标记。
- 系统提供两种取消对账标志的方法，自动及手动取消某一笔的对账标志、自动取消指定时间内的所有对账标志。
- 手动取消勾对：双击要取消对账标志业务的“两清”区即可。
- 自动取消勾对：单击“取消”按钮，选择要进行反对账的期间，系统将自动对此期间已两清的银行账取消两清标志。

5.2.5 输出余额调节表

对账完成后，计算机自动整理汇总未达账和已达账，生成银行存款余额调节表。

例 5-6：生成宏发公司 2009 年 1 月份的余额调节表。

操作步骤：

（1）选择“银行对账”|“余额调节表查询”命令，进入“银行存款余额调节表”窗口，如图 5-12 所示。

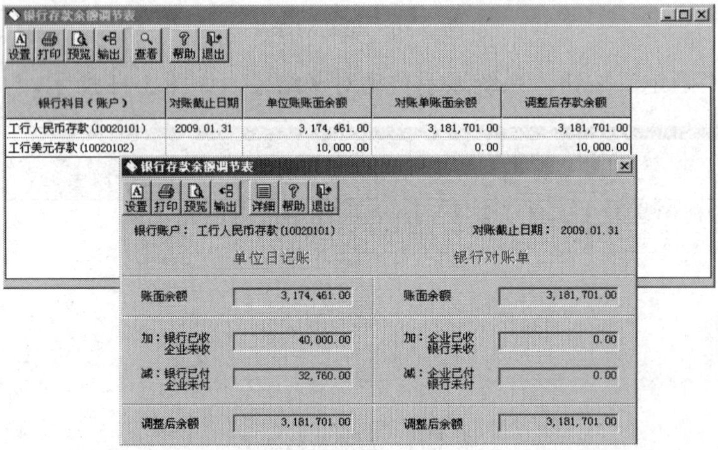

图 5-12 “银行存款余额调节表”对话框

（2）将光标定在“银行科目（账户）”的“10020101-工行人民币存款”行上，单击工具栏上的“查看”按钮或双击该行，即显示该银行账户的银行存款余额调节表。

（3）在“银行存款余额调节表”对话框中，单击“打印”按钮，可打印银行存款余额调节表。

提示：

如果银行存款余额调节表显示账面余额不平衡，可查看以下几个处：

- “银行期初输入”中的“调整后余额”是否平衡？如不平衡请查看“调整前余额”、“日记账期初未达项”及“银行对账单期初未达项”是否输入正确。如不正确进行调整。
- 银行对账单输入是否正确，如不正确进行调整。
- 银行对账中勾对是否正确、对账是否平衡，如不正确进行调整。

5.2.6　查询对账单或日记账勾对情况

通过银行存款余额调节表，已了解了对账的结果。通过查询功能，还可了解经过对账后，对账单上勾对的明细情况（包括已达账项情况和未达账项情况），从而进一步查询对账结果。

例 5-7：查询银行对账勾对情况。

操作步骤：

（1）选择“银行对账”|“查询对账勾对情况”命令，打开“银行科目选择”对话框，输入要查找的银行科目，然后选择查询方式。系统提供三种查询方式，即“显示全部”、“显示未达账”和“显示已达账”，系统默认是“显示全部”。

（2）输入查询条件后，单击“确定”按钮，屏幕显示查询结果。可以通过单击“银行对账单”、“单位日记账”标签切换显示对账情况，如图 5-13 所示。

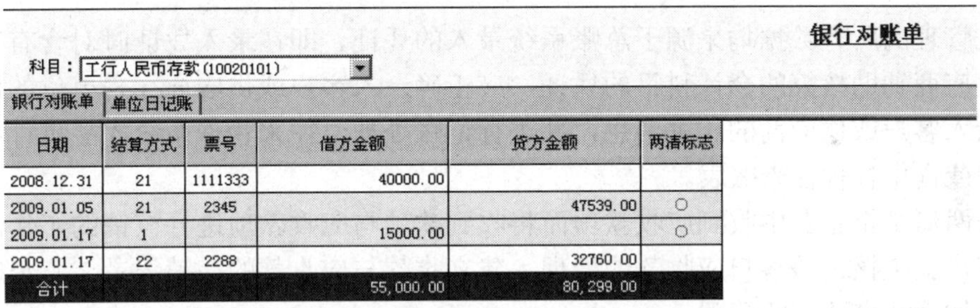

日期	结算方式	票号	借方金额	贷方金额	两清标志
2008.12.31	21	1111333	40000.00		
2009.01.05	21	2345		47539.00	○
2009.01.17	1		15000.00		○
2009.01.17	22	2288		32760.00	
合计			55,000.00	80,299.00	

图 5-13　查询对账单或日记账勾对情况

提示：

- 可以通过单击“银行对账单”和“单位日记账”标签，切换显示不同查询内容。

思考题

1. 查询日记账的条件有哪些？
2. 如何进行银行对账？

第 6 章　往来管理

往来管理是指对企业往来款项，即应收款和应付款的管理。由于赊销（赊购）或其他方面的原因，形成了企业往来款项，这些往来款项如不能有计划有目的地统筹安排，就会使企业的经营活动受到一定影响，因此加强往来款项管理是一件不容忽视的工作。

用友通往来管理系统为企业提供清理所有具有往来性质账户的功能，包括客户往来、供应商往来的清理，核算和管理企业与客户之间，企业与供应商之间的往来款项，提供各种分析报表，如账龄分析表等，通过各种报表数据，为企业制订销售政策和采购政策提供依据，从而提高企业财务管理能力。

往来辅助账管理主要涉及往来辅助账余额表、明细账的查询及其正式账簿的打印，以及往来账的清理，往来账清理主要是对往来账户的勾对，并提供账龄分析及催款单。

本章重点：

- 往来两清的方法
- 往来账龄分析的方法

6.1　往来两清管理

往来管理的所有数据均来源于总账系统录入的凭证，即在录入凭证时对含有客户辅助核算和供应商辅助核算的会计科目的凭证，应正确录入客户或供应商往来单位的信息，只有正确录入客户或供应商的相关信息，并进行记账处理，往来管理系统才能进行相应的往来账清理或提供各种往来账表。

往来两清是指企业中收到应收款项而将收到款项与应收款项进行核销的工作。作用是将收回客户款项核销该客户应收款的处理，建立收款与应收款的核销记录，监督应收款及时清理，加强往来款项的管理。

6.1.1　手工清理

手工清理是针对填制凭证过程中可能出现的一些误操作采用的勾对方法，是系统自动勾对的补充。通过手工勾对将系统漏勾的内容人为地打上勾对标记。

例 6-1：宏发公司清理西单商场的应收账款。

操作步骤：

（1）在“往来管理”系统中，选择“客户往来两清”选项，进入“客户往来两清”过滤条件录入界面，在“科目”下拉列表框中选择“1122 应收账款”选项，在“客户”下拉列表框中选择“西单商场”选项，在“截止月份”下拉列表框中选择“2009.12”，并选中“全额勾对”及“显示已两清”复选框，如图 6-1 所示。

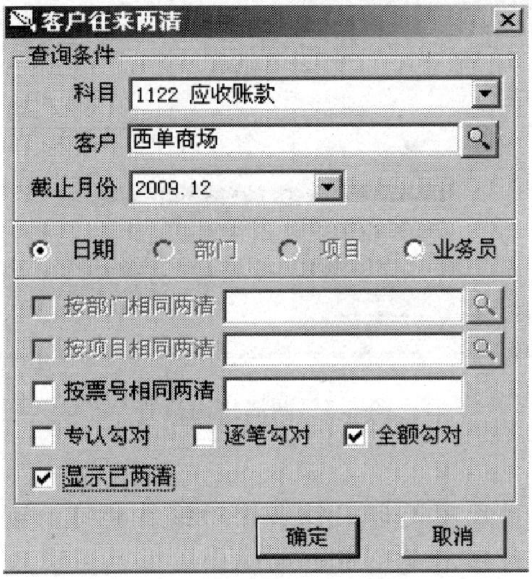

图 6-1　“客户往来两清”对话框

提示：

- “截止月份”：截止月份主要限制进行往来管理的时间范围，可以在下拉列表框中选择客户两清的截止期。如果不输入截止月份，则系统会处理所有的往来。
- “显示已两清”：是否包含两清部分，如选中则查询结果中包含已两清的客户往来。

（2）输入完所需的条件后，单击“确定”按钮，屏幕会出现两清结果界面，蓝色标志行说明该两笔收款和应收款已经对应两清。如果想放弃刚才的操作，单击“取消”按钮，系统会返回刚才的界面，可以重新输入客户两清的条件，如图 6-2 所示。

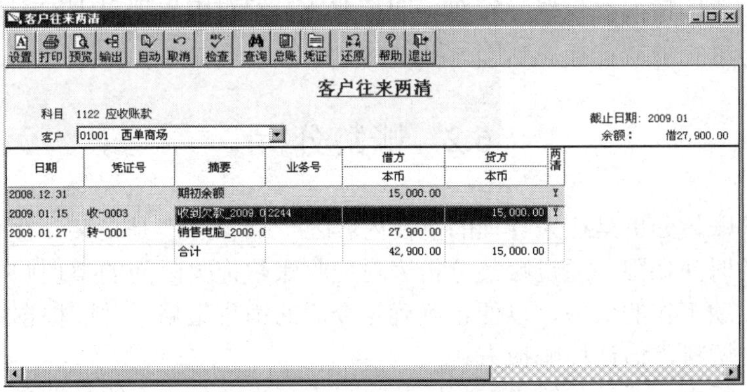

图 6-2　客户往来两清结果界面

（3）单击“检查”图标，则系统开始进行两清平衡检查，并显示检查结果，如图 6-3 所示。

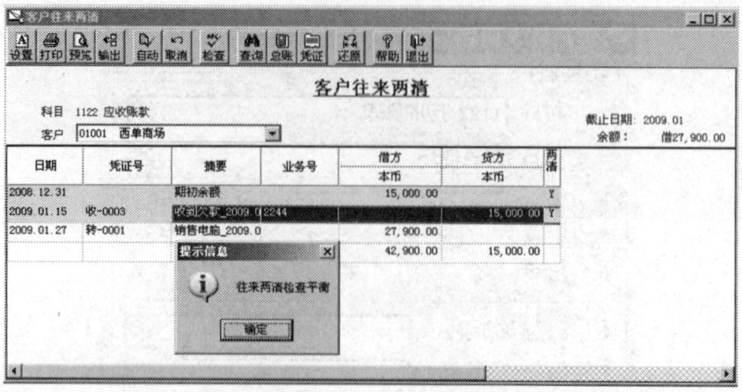

图 6-3　两清平衡检查

提示：

- 如果所选的科目不是部门往来辅助核算科目，则两清依据不能选择部门。
- 如果所选的科目不是项目往来辅助核算科目，则两清依据不能选择项目。

6.1.2　自动勾对

系统中提供了多种自动勾对的方式，可以选择不同的自动勾对方式进行往来两清勾对。

其中按业务员勾对是指通过用户在制单过程中指定业务编号或字符，用以往来账勾对标识，便于用户一一对应勾对、查询和管理。对于同一科目下业务号相同、借贷方向相反、金额一致的两笔分录自动勾对。

“逐笔勾对”是指在用户未指定业务号的情况下，系统按照金额一致方向相反的原则自动勾对同一科目下同一往来户的往来款项。

“总额勾对”是指为提高对账成功率，对于同一科目同一往来户下，可能存在着借方（贷方）的某项合计等于对方科目的某几项合计，尤其是带有业务号的往来款项。

按项目勾对是指对于同一科目同一往来户下，辅助核算项目相同的往来款项多笔借方（贷方）合计相等的情况；按票号勾对，即按业务号勾对中出现对于同一科目下业务号相同、借贷方向相反、金额合计一致的多笔分录自动勾对。

6.2　账龄分析

应收账款的账龄分析是往来管理的重要内容之一。“账龄”是指某一往来业务从发生之日到结清之日的时间期限。通过账龄分析表对应收账款拖欠时间的整理归类和分析，了解企业管理人员收款工作的效率，以便正确确定今后的销售策略，并能根据各种应收账款过期的时间和历史资料，估计坏账损失。

通过账龄分析表，系统将输出应收账款科目下所指定的各个账龄期间内各往来客户应收账款的分布情况，计算出各种账龄应收账款占总应收账款的比例，以帮助管理人员了解分析应收账款的资金占用情况，便于及时通过“客户往来催款单”催要货款或通过调整客户的信用额度控制客户延期付款的情况。

例 6-2：查看宏发公司 2009 年 1 月底的“客户往来账龄分析表”。

操作步骤：

（1）选择“账簿”|“客户往来账龄”命令，进入“客户往来账龄”界面，可以录入账龄分析条件，如图 6-4 所示。

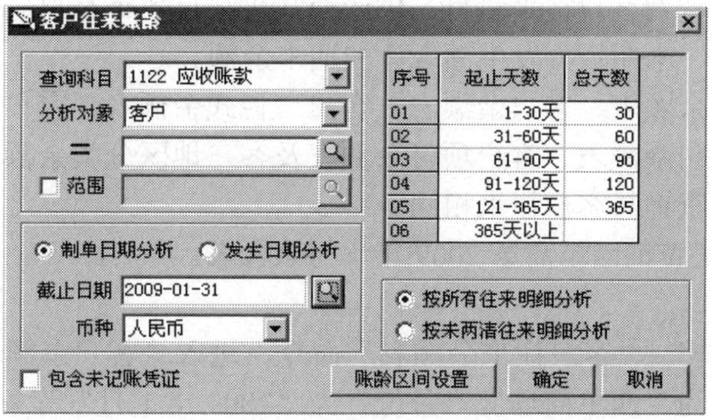

图 6-4　“客户往来账龄”对话框

（2）系统默认分析区间为月，可以根据分析需要进行调整。

（3）单击“账龄区间设置”按钮，则进入“账龄区间设置”窗口。输入序号 01 的总天数（如 20 天），系统自动计算下一期间的开始天数，继续录入即可，如图 6-5 所示。

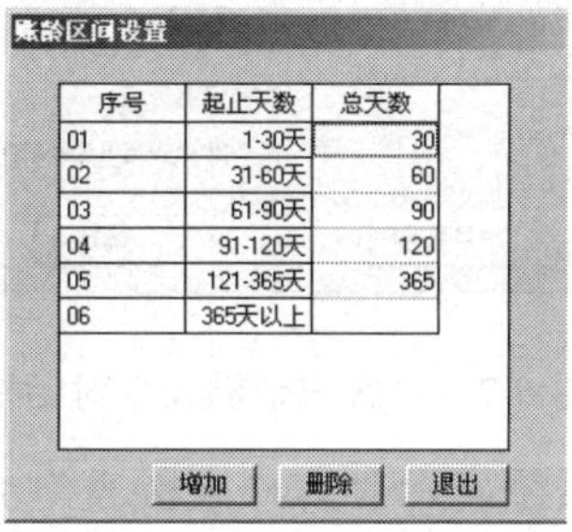

图 6-5　“账龄区间设置”对话框

（4）查询条件确定后，单击“退出”按钮，返回“客户往来账龄”对话框。

（5）单击“确定”按钮，显示应收账龄分析结果，如图 6-6 所示。

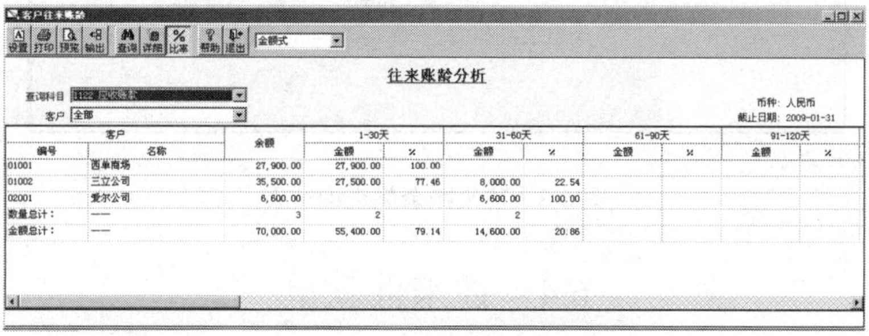

图 6-6　往来账龄分析表

（6）单击“详细”按钮，可以查询各个客户账龄的详细情况。

（7）单击“比率”按钮，可以查询客户各账龄区间段的金额占总额的百分比。

6.3 往来余额表

往来余额表用于查询客户往来科目、供应商往来科目各个客户、供应商的期初余额、本期借方发生额合计、本期贷方发生额合计和期末余额。

它包括客户科目余额表、客户余额表、客户三栏式余额表、客户业务员余额表、客户分类余额表、客户部门余额表、客户项目余额表及客户地区分类余额表等八种查询方式。同理，供应商的余额查询与客户往来相同。

例 6-3：宏发公司查询西单商场 2009 年 1 月余额表。

操作步骤：

（1）选择“账簿”|“客户往来余额表”命令，进入“客户余额表”界面，可输入查询条件。如“客户”为“西单商场”，“月份”为“2009 年 1 月”等条件，如图 6-7 所示。

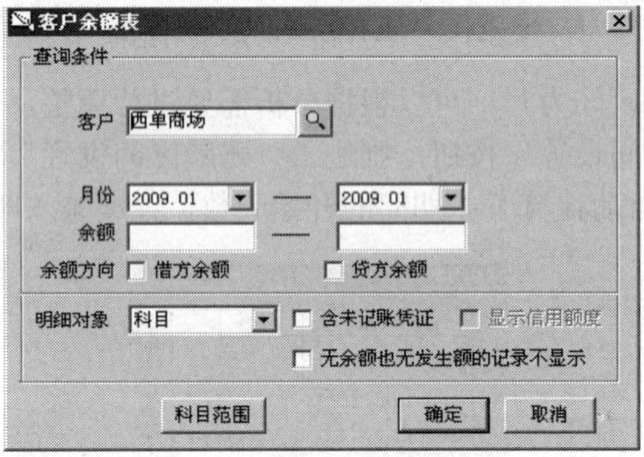

图 6-7　“客户余额表”对话框

（2）单击“确定”按钮，系统显示“客户余额表”界面，如图 6-8 所示。

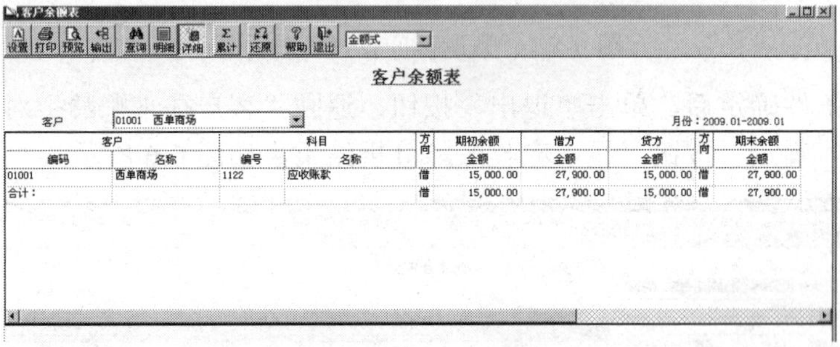

图 6-8　往来账余额查询结果

6.4 往来催款单

在手工方式下，企业定期对客户往来账进行清理后，为每一个往来客户整理送出一张对账单（催款单），告之检查付款情况。

例 6-4：将本期末两清的客户往来整理输出催款单。

操作步骤：

（1）选择“账簿”|“客户往来催款单”命令，打开“客户往来催款”对话框，可输入查询条件，如图 6-9 所示。

（2）在“函证信息”文本框中输入文本“请贵单位于 2009 年 02 月 22 日前与我公司财务部门进行清账”，如图 6-10 所示。

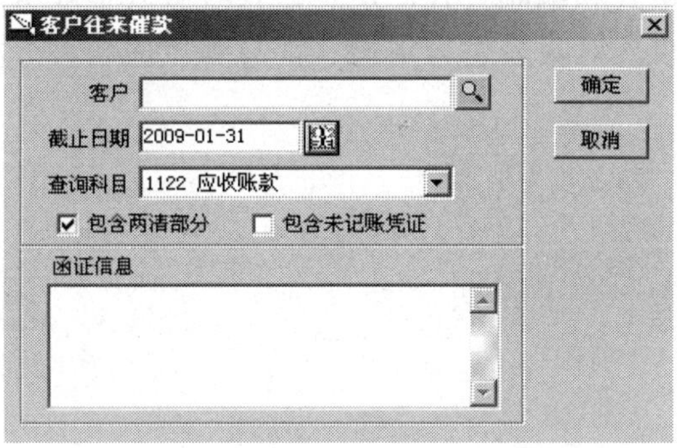

图 6-9　“客户往来催款”对话框

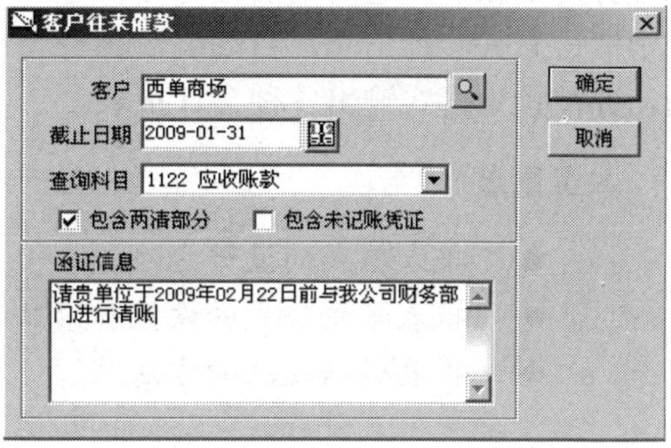

图 6-10　在“函证信息”文本框中输入文本

（3）输入完毕，单击“确定”按钮，屏幕显示“客户往来催款单”，单击“预览”按钮，可以查看“催款单”，如图 6-11 所示。

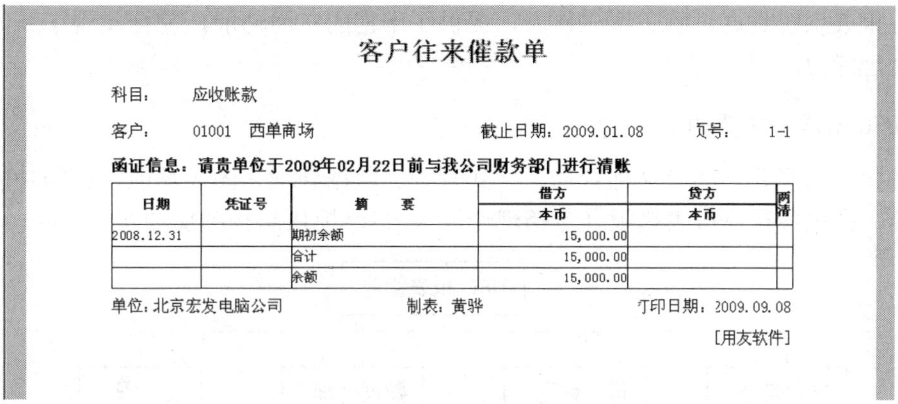

客户往来催款单

科目：　应收账款

客户：　01001　西单商场　　截止日期：2009.01.08　　页号：　1-1

函证信息：请贵单位于2009年02月22日前与我公司财务部门进行清账

日期	凭证号	摘　要	借方	贷方	两清
			本币	本币	
2008.12.31		期初余额	15,000.00		
		合计	15,000.00		
		余额	15,000.00		

单位：北京宏发电脑公司　　制表：黄骅　　打印日期：2009.09.08

[用友软件]

图 6-11　客户往来催款单

思考题

1．如何进行往来两清处理？

2．如何进行供应商往来账龄分析？

第 7 章　财务报表

财务报表系统是报表事务处理的工具，利用财务报表系统既可编制对外报表，又可编制各种内部报表。它的主要任务是设计报表的格式和编制公式，从总账系统或其他业务系统中取得有关会计信息，自动编制各种会计报表，对报表进行审核、汇总和生成各种分析图，并按预定格式输出各种会计报表。

本章重点：

- 报表格式的设计方法
- 报表单元公式的设置和修改的方法
- 报表数据处理的方法

7.1　财务报表概述

财务报表管理系统是会计信息系统中的一个独立的子系统，它为企业内部各管理部门及外部相关部门提供综合反映企业一定时期财务状况、经营成果和现金流量的会计信息。

财务报表系统是真正的三维立体表，提供了丰富的实用功能，完全实现了三维立体表的四维处理能力。

7.1.1　UFO 报表的主要功能

财务报表的主要功能有文件管理、格式管理、数据处理、图表功能、打印功能和二次开发功能，提供各行业报表模板（包括现金流量表），模块结构图如图 7-1 所示。

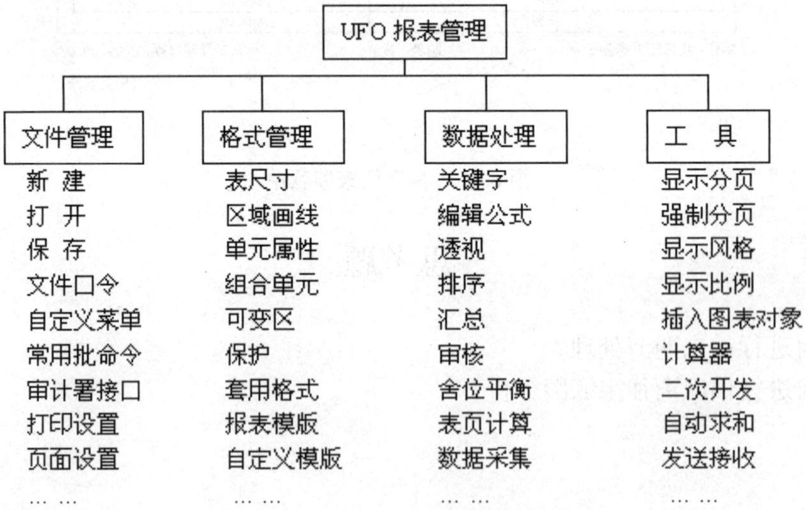

图 7-1　UFO 报表系统模块结构图

- 文件管理：对报表文件的创建、读取、保存和备份进行管理。能够进行不同文件格式的转换：文本文件、*.MDB 文件、*.DBF 文件、EXCEL 文件和 LOTUS 1-2-3 文件。支持多个窗口同时显示和处理，可同时打开的文件和图形窗口多达 40 个。提供了标准财务数据的“导入”和“导出”功能，可以和其他流行财务软件交换数据。

- 格式管理：提供了丰富的格式设计功能，如定义组合单元、画表格线（包括斜线）、调整行高列宽、设置字体和颜色和设置显示比例等，可以制作各种要求的报表。
- 数据处理：UFO 以固定的格式管理大量不同的表页，能将多达 99,999 张具有相同格式的报表资料统一在一个报表文件中管理，并且在每张表页之间建立有机地联系。提供了排序、审核、舍位平衡和汇总功能；提供了绝对单元公式和相对单元公式，可以方便、迅速地定义计算公式；提供了种类丰富的函数，可以从账务等用友产品中提取数据，生成财务报表。
- 图表功能：将数据表以图形的形式进行表示。采用“图文混排”，可以很方便地进行图形数据组织，制作包括直方图、立体图、圆饼图和折线图等 10 种图式的分析图表。可以编辑图表的位置、大小、标题、字体和颜色等，打印输出图表。
- 二次开发：强大的二次开发功能则使其又不失为一个精炼的 MIS 开发应用平台。提供批命令和自定义菜单，自动记录命令窗中输入的多个命令，可将有规律性的操作过程编制成批命令文件。提供了 Windows 风格的自定义菜单，综合利用批命令，可以在短时间内开发出本企业的专用系统。

7.1.2　与其他子系统的主要关系

编制会计报表是每个会计期末最重要的工作之一，从一定意义上说编制完会计报表是一个会计期间工作完成的标志。在报表管理系统中，会计报表的数据来源一般有总账系统的账簿和会计凭证、其他报表和人工直接输入等，还可以从往来管理、工资、固定资产、销售和采购和库存等系统中提取数据，生成财务报表。UFO 报表系统与其他系统之间的数据传递关系如图 7-2 所示。

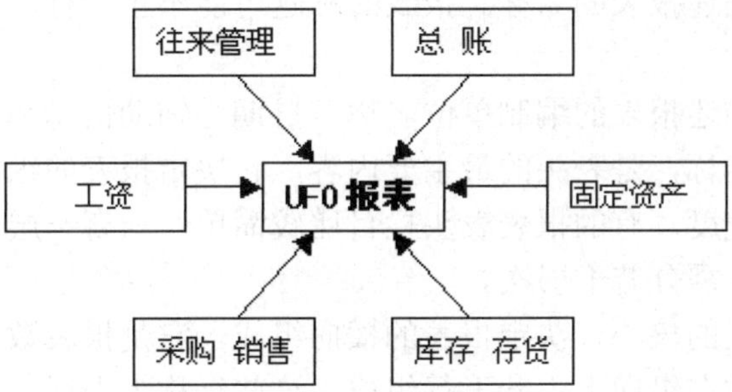

图 7-2　UFO 报表系统与其他系统之间的主要关系

7.1.3　基本操作流程

制作一个报表的基本操作流程如图 7-3 所示。

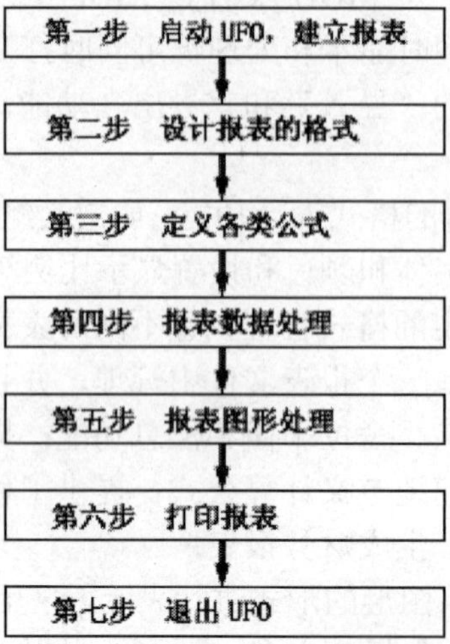

图 7-3 制作报表的基本流程

在以上步骤中，第一、二、四、七步是必需的，因为要完成一般的报表处理，一定要有启动系统建立报表、设计格式、数据处理和退出系统这些基本过程。实际应用时，具体的操作步骤应视情况而定。

7.1.4 基本术语

1. 报表结构

按照报表结构的复杂性，可将报表分为简单表和复合表两类。简单表是规则的二维表，由若干行和列组成。复合表是简单表的某种组合。大多数的会计报表如资产负债表、利润表和现金流量表等都是简单表。

简单表的格式一般由四个基本要素组成：标题、表头、表体和表尾，如表 7-1 所示。不同报表的四个基本要素是不同的。

- 标题：用来描述报表的名称。报表的标题可能不止一行，有时会有副标题、修饰线等内容。
- 表头：用来描述报表的编制单位名称、日期等辅助信息和报表栏目。特别是报表的表头栏目名称，是表头的最主要内容，它决定报表的纵向结构、报表的列数以及每一列的宽度。有的报表表头栏目比较简单，只有一层，而有的报表表头栏目却比较复杂，需分若干层次。
- 表体：是报表的核心，决定报表的横向组成。它是报表数据的表现区域，是报表的主体。表体在纵向上由若干行组成，这些行称为表行；在横向上，每个表行又由若干个栏目构成，这些栏目称为表列。
- 表尾：指表体以下进行辅助说明的部分以及编制人、审核人等内容。

表 7-1　通用报表的结构

资产负债表　（标题）

主管部门：　　会股 01 表

编制单位：XXX 公司　　2009 年 01 月 31 日　　单位：元　（表头）

资产	行次	期初数	期末数
流动资产			
货币资金	1	88 200.00	
存货	10	554 000.00	
资产合计			

（表体）

会计主管：　　制表人：　（表尾）

2. 格式状态与数据状态

UFO 将含有数据的报表分为两大部分来处理，即报表格式设计工作与报表数据处理工作。报表格式设计工作和报表数据处理工作是在不同的状态下进行的。

- 格式状态：在格式状态下设计报表的格式，如表尺寸、行高列宽、单元属性和报表公式等。在格式状态下时，所看到的是报表的格式，报表的数据全部都隐藏了。在格式状态下所做的操作对本报表所有的表页都发生作用。在格式状态下不能进行数据的录入、计算等操作。
- 数据状态：在数据状态下管理报表的数据，如输入数据、增加或删除表页、审核、舍位平衡、做图形、汇总和合并报表等。在数据状态下不能修改报表的格式。在数据状态下时，所看到的是报表的全部内容，包括格式和数据。

3. 二维表与三维表

确定某一数据位置的要素称为“维”。在一张有方格的纸上填写一个数，这个数的位置可通过行和列（二维）来描述。

如果将一张有方格的纸称为表，那么这个表就是二维表，通过行（横轴）和列（纵轴）可以找到这个二维表中的任何位置的数据。

如果将多个相同的二维表叠在一起，找到某一个数据需增加一个要素，即表页号（Z 轴），这一叠表称为一个三维表。

如果将多个不同的三维表放在一起，要从这多个三维表中找到一个数据，又需增加一个要素，即表名。三维表中的表间操作即称为“四维运算”。

4. 报表文件及表页

一个或多个报表以文件的形式保存在存储介质中称为报表文件，每个报表文件都有一个名字，例如“利润表.REP”。

表页是由若干行和若干列组成的一个二维表，一个报表中的所有表页具有相同的格式，但其中的数据不同，每一张表页是由许多单元组成的。一个 UFO 报表最多可容纳 99,999

张表页。

为了便于管理和操作，一般把经济意义相近的报表放在一个报表文件中，例如，各月编制的利润表就可归集在“利润表.REP”报表文件中。在报表文件中，确定一个数据所在的位置，其要素是“表页号”、“行号”和“列号”。由此可见，报表文件就是一个三维表，如表 7-2 所示。

表 7-2　报表文件

表页 3

表页 2

表页 1

项　目	期初数	期末数
库存现金	9 000	18 000
……….		

UFO 报表的技术指标：

行数：1~9999　　　　　（默认值为 50 行）

列数：1~255　　　　　（默认值为 7 列）

行高：0~160 毫米　　　　（默认值为 5 毫米）

列宽：0~220 毫米　　　　（默认值为 26 毫米）

表页数：1~99,999 页　　　（默认值为 1 页）

5. 单元及单元属性

表中由表行和表列确定的方格称为单元，专门用于填制各种数据。单元是组成报表的最小单位，每个单元都可用一个名字来标识，称为单元名。单元名用所在行和列的坐标表示，行号用数字 1~9999 表示，列标用字母 A-IU 表示，例如，C2 表示报表中第 2 行第 C 列对应的单元。

单元属性包括：单元类型、对齐方式、字体颜色和表格边框等。

单元类型有数值型、字符型和表样型。

- 数值单元：是报表的数据，在数据状态下输入。数值单元必须是数字，可直接输入也可由单元中存放的公式运算生成。建立一个新表时，所有单元的单元类型均默认为数值型。
- 字符单元：是报表的数据，在数据状态下输入。字符单元的内容可以是汉字、字母、数字及各种键盘可输入的符号组成的一串字符。字符单元的内容可以直接输入也可以由单元公式生成。
- 表样单元：是报表的格式，是在格式状态下输入的所有文字、符号或数字。表样单元对所有表页都有效。表样单元在格式状态下输入和修改，在数据状态下只能显示而无法修改。
- 对齐方式有左对齐、右对齐和居中等。

6. 区域与组合单元

区域由一张表页上的一组单元组成，自起点单元至终点单元是一个完整的矩形块。

在 UFO 中，区域是二维的，最大的区域是一个二维表的所有单元（整个表页），最小的区域是一个单元。

在描述一个区域时，开始单元（左上角单元）与结束单元（右下角单元）之间用冒号“:”连接。例如，C3:F6。

组合单元由相邻的两个或更多的单元组成，这些单元必须是同一种单元类型（表样、数值和字符），UFO 在处理报表时将组合单元视为一个单元。组合单元的名称可以用区域的名称或区域中的单元的名称来表示。例如把 B2 到 B3 定义为一个组合单元，这个组合单元可以用“B2”、“B3”或“B2:B3”表示。

7. 固定区与可变区

固定区是组成一个区域的行数和列数是固定的数目。一旦设定好以后，在固定区域内其单元总数是不变的。

可变区是屏幕显示一个区域的行数或列数是不固定的数目，可变区的最大行数或最大列数是在格式设计中设定的。

在一个报表中只能设置一个可变区，或是行可变区或是列可变区，行可变区是指可变区中的行数是可变的；列可变区是指可变区中的列数是可变的。

设置可变区后，屏幕只显示可变区的第一行或第一列，其他可变行列隐藏在表体内。在以后的数据操作中，可变行列数随着用户的需要而增减。

有可变区的报表称为可变表，没有可变区的表称为固定表。

8. 关键字

关键字是游离于单元之外的特殊数据单元，可以惟一标识一个表页，用于在大量表页中快速选择表页。

UFO 共提供了以下六种关键字，关键字的显示位置在格式状态下设置，关键字的值则在数据状态下录入，每个报表可以定义多个关键字。

- 单位名称：字符型（最大 28 个字符），为该报表表页编制单位的名称。
- 单位编号：字符型（最大 10 个字符），为该报表表页编制单位的编号。
- 年：数字型（1980～2099），该报表表页反映的年度。
- 季：数字型（1～4），该报表表页反映的季度。
- 月：数字型（1～12），该报表表页反映的月份。
- 日：数字型（1～31），该报表表页反映的日期。

除此之外，UFO 有自定义关键字功能，可以用于业务函数中。

7.2　报表格式设计

会计报表系统基础设置一般包括创建新的会计报表、报表格式设计和报表公式定义等。

报表系统在格式状态下设计报表的表样，例如，表尺寸、行高列宽、单元属性、组合单元、关键字和可变区等；在格式状态下定义报表的公式，如单元公式、审核公式和舍位平衡公式等。

7.2.1　设计表样

在设计表样之前应在“企业应用平台”中启动“UFO 报表”管理系统，创建一个新的会计报表文件。UFO 建立的是一个报表簿，可容纳多张报表。

新表创建完成后，应进行报表的格式设计，报表格式设计是制作报表的基本步骤，它决定了整张报表的外观和结构。

会计报表格式设置的主要内容有：设置报表大小、画表格线、标题、表日期、表头、表尾和表体固定栏目的内容、设置单元属性等。

进行报表格式设计，可使用菜单功能进行操作，也可使用命令操作。

1. 设置表尺寸

设置报表尺寸是指设置报表的行数和列数。设置前可事先根据所要定义的报表大小计算该表所需的行、列，然后再设置。

例 7-1：根据图 7-4 宏发公司“利润表”的格式，在报表系统中设计利润表。

图 7-4　宏发公司利润表

操作步骤：

（1）选择“文件”|“新建”命令，选择空报表，然后选择“格式”|“表尺寸”命令，打开“表尺寸”对话框，如图 7-5 所示。

（2）在“行数”文本框中输入“24”，在“列数”文本框中输入“3”。

（3）单击“确认”按钮，即可得到如图 7-6 所示的表格。

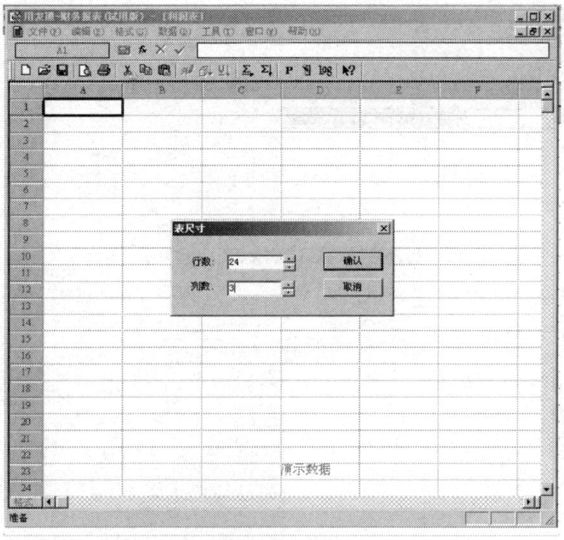

图 7-5　设置表尺寸

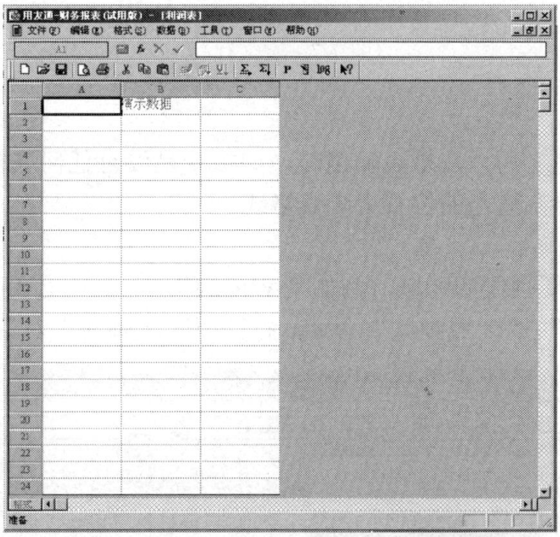

图 7-6　已设置表尺寸的表格

2. 定义行高和列宽

设置列宽应以能够放下本栏最宽数据为原则，否则在生成报表时会产生数据溢出的错误。

操作步骤：

（1）选定需要调整的单元所在行，例如“A1:D1”。

（2）选择“格式”|“行高”命令，打开“行高”对话框，如图 7-7 所示。

（3）在“行高”文本框中输入需要的行高“7”。

（4）单击“确认”按钮。

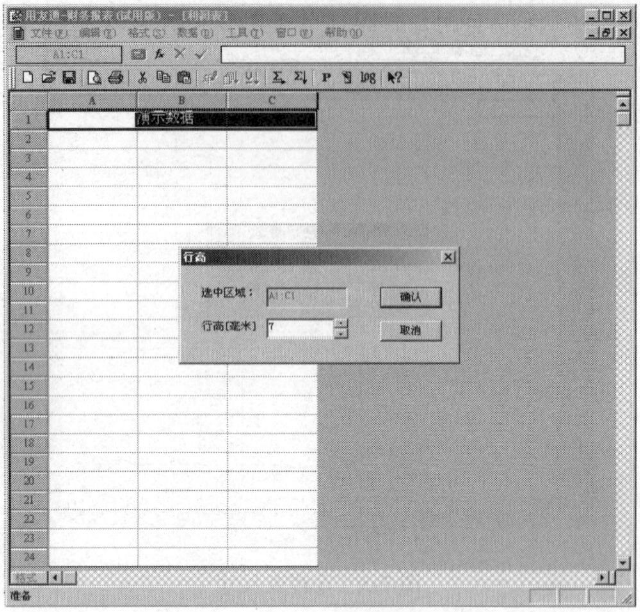

图 7-7　定义行高

3. 画表格线

报表的尺寸设置完之后，在报表输出时，该报表是没有任何表格线的，为了满足查询和打印的需要，还需要在适当的位置上画表格线。

操作步骤：

（1）选中报表需要画线的区域，例如“A4:C24”。

（2）选择“格式”|“区域画线”命令，打开“区域画线”对话框，如图 7-8 所示。

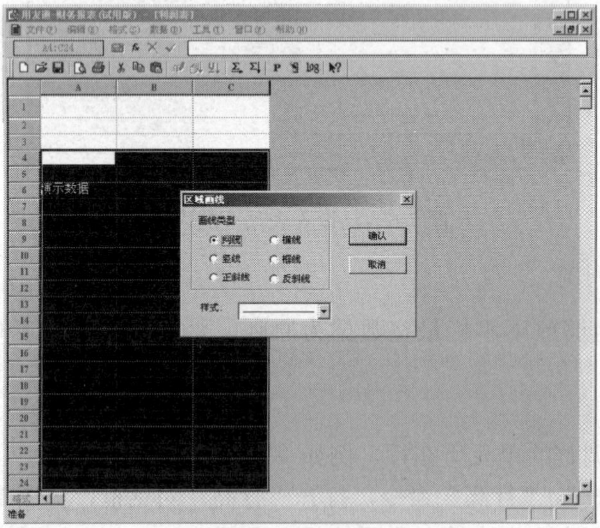

图 7-8　画表格线

（3）单击“网线”单选按钮，选择画线类型和样式为“网线”。

（4）单击“确认”按钮。

4. 定义组合单元

把几个单元作为一个单元来使用，组合单元实际上就是一个大的单元，所有针对单元的操作对组合单元均有效。

操作步骤：

（1）选择需合并的区域，例如“A1:D1”。

（2）选择“格式”|“组合单元”命令，打开“组合单元”对话框，如图 7-9 所示。

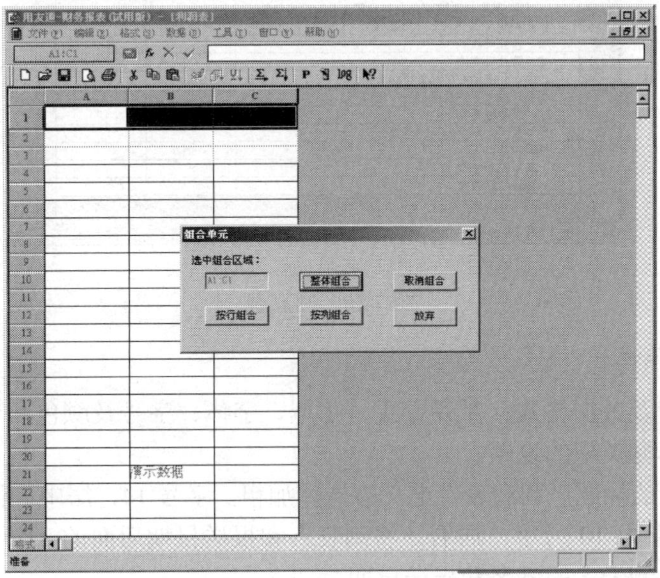

图 7-9　定义组合单元

（3）单击“整体组合”或“按行组合”按钮，该单元即合并成一个整体。

5. 输入项目内容

指报表的固定文字内容，主要包括表头、表体项目和表尾项目等。

操作步骤：

（1）选中需要输入内容的单元或组合单元。

（2）输入相关文字内容，例如“利润表”等，如图 7-10 所示。

提示：

- 在输入报表项目时，编制单位、日期一般不需要输入，UFO 表一般将其设置为关键字。

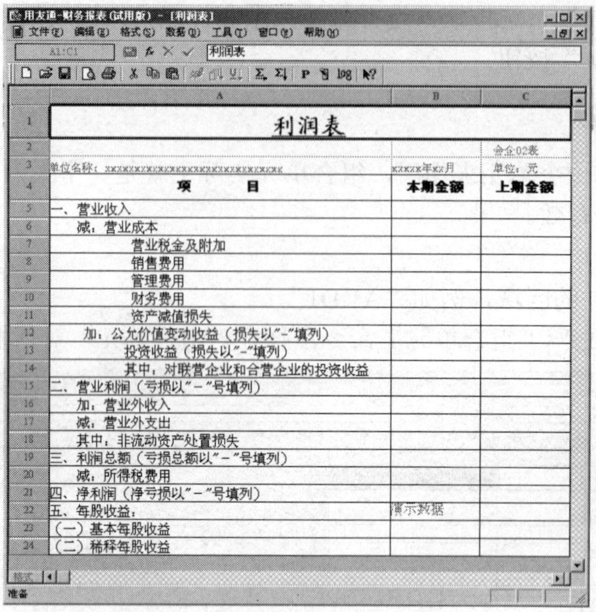

图 7-10　利润表

6. 设置单元属性

设置单元类型及数据格式、对齐方式、字型、字体、字号及颜色和边框样式等内容。其中最重要的是单元类型的设置。

例如，将报表的标题“利润表”定义为楷体加粗，字号 14，居中；将 A3:D3 设置为居中，将 A2:D2 设置为 10 号字，居右。将制表人和报送日期后面的一个单元设置为字符单元，以便能够输入制表人的姓名和报送日期。

新建的报表，所有单元的单元类型均默认为数值型；格式状态下输入的内容均默认为表样单元。字符单元和数值单元输入后只对本表页有效，表样单元输入以后对所有的表页有效。

7.2.2　设置关键字

定义关键字主要包括设置关键字和调整关键字在表页上的位置。关键字主要有六种：单位名称、单位编号、年、季、月和日，另外还包括一个自定义关键字，可以根据实际需要任意设置相应的关键字。

一个关键字在该表中只能定义一次，即同表中不能有重复的关键字。关键字在格式状态下设置，关键字的值则在数据状态下录入。

1. 设置关键字

操作步骤：

（1）选中需要输入关键字的单元，例如“B3”。

（2）选择“数据”|“关键字”|“设置”命令，打开“设置关键字”对话框，如图 7-11 所示。

（3）单击“年”单选按钮。

（4）单击“确定”按钮。重复（2）至（4）步骤，将“年”定义为关键字。

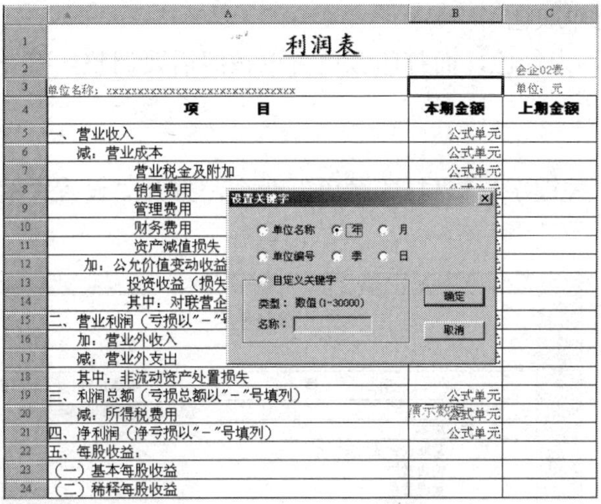

图 7-11　设置关键字

2．调整关键字位置

关键字位置是指关键字在某单元或组合单元中的起始位置。同一个单元或组合单元的关键字定义完以后，可能会重叠在一起，所以还需要对关键字的位置进行调整。

调整关键字的位置必须输入关键字的相对偏移量。偏移量负数值表示向左移，正数值表示向右移。

操作步骤：

（1）选择“数据”|“关键字”|“偏移”命令，打开“定义关键字偏移”对话框，如图 7-12 所示。

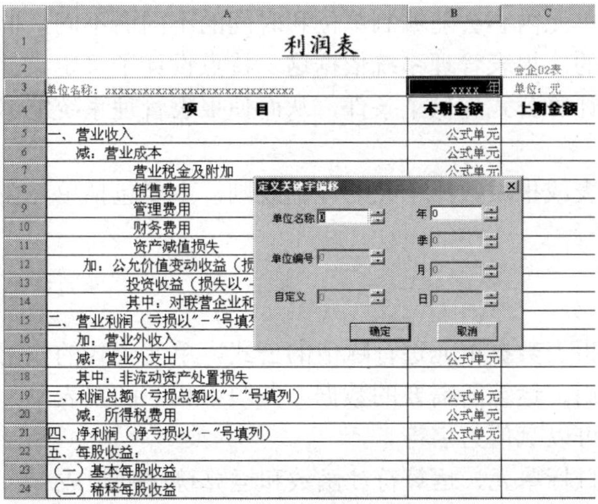

图 7-12　调整关键字位置

（2）在需要调整位置的关键字后面输入偏移量，例如，在“年”、“月”文本框中分别输入需要调整的数字。

（3）单击“确定”按钮。

3. 设置关键字打印颜色

关键字在系统显示为红色，而打印颜色可以按照需要调整，有三种颜色调换：红色、黑色、蓝色。

操作步骤：

选择“数据”｜“关键字”｜“打印颜色”命令，打开“设置关键字颜色”对话框，如图 7-13 所示。

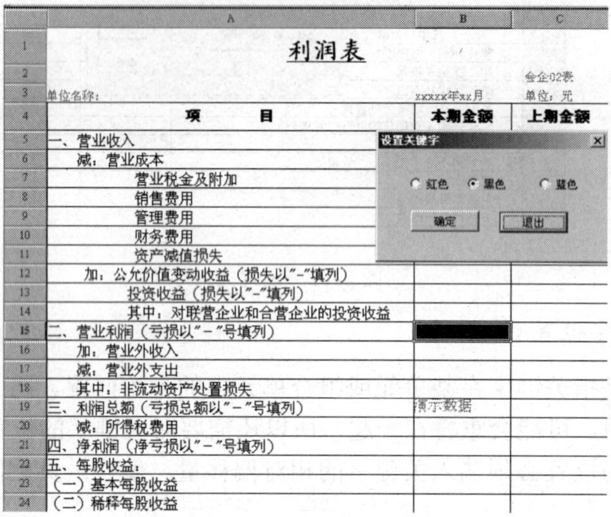

图 7-13 关键字打印颜色设置

7.2.3 编辑公式

会计报表的变动单元内容会随编制单位和时间的不同而不同，但其获取数据的来源和计算方法是相对稳定的。报表管理系统依据这一特点设计了“定义计算公式”的功能，为定义报表变动单元的计算公式提供了条件，从而使报表管理系统能够自动、及时、准确地编制会计报表。

报表公式是指报表或报表数据单元的计算规则，主要包括单元公式、审核公式和舍位平衡公式等。

1. 单元公式

单元公式是指为报表数据单元进行赋值的公式，单元公式的作用是从账簿、凭证、本表或其他报表等处调用、运算所需要的数据，并填入相应的报表单元中。它既可以将数据单元赋值为数值，也可以赋值为字符。

单元公式一般由目标单元、运算符、函数和运算符序列组成。

例如，C5=期初余额（"1001",月）+期初余额（"1002",月）

其中，目标单元是指用行号、列号表示的用于放置运算结果的单元；运算符序列是指采集数据并进行运算处理的次序。报表系统提供了一整套从各种数据文件（包括机内凭证、账簿和报表，也包括机内其他数据资源）采集数据的函数。企业可根据实际情况，合理地调用不同的相关函数。

常用的报表数据一般是来源于总账系统或报表系统本身，取自于报表的数据又可以分为从本表取数和从其他报表的表页取数。

a. 账务取数公式

账务取数是会计报表数据的主要来源，账务取数函数架起了报表系统和总账等其他系统之间进行数据传递的桥梁。账务取数函数可实现报表系统从账簿、凭证中采集各种会计数据生成报表，实现账表一体化。

账务取数公式是报表系统中使用最为频繁的一类公式，此类公式中的函数表达式最为复杂，公式中往往要使用多种取数函数，每个函数中还要说明诸如科目编码、会计期间、发生额或余额、方向和账套号等参数。

- 基本格式：
  函数名（“科目编码”,会计期间,[“方向”],[账套号],[会计年度],[编码 1],[编码 2]）
- 说明：
  - 科目编码可以是科目名称，且必须用双引号括起来。
  - 会计期间可以是“年”、“季”、“月”等变量，也可以是具体数字表示的年、季、月。
  - 方向即“借”或“贷”，可以省略。
  - 账套号为数字，默认为第一套账。
  - 会计年度即数据取数的年度，可以省略。
  - [编码 1]与[编码 2]与科目编码的核算账类有关，可以取科目的辅助账，如职员编码、项目编码等，如无辅助核算则省略。

主要账务取数函数如表 7-3 所示。

表 7-3　主要账务取数函数表

函数名	金额式	数量式	外币式
期初额函数	QC( )	SQC( )	WQC( )
期末额函数	QM( )	SQM( )	WQM( )
发生额函数	FS( )	SFS( )	WFS( )
累计发生额函数	LFS( )	SLFS( )	WLFS( )
条件发生额函数	TFS( )	STFS( )	WTFS( )
对方科目发生额函数	DFS( )	SDFS( )	WDFS( )
净额函数	JE( )	SJE( )	WJE( )
汇率函数	HL( )		

为了方便而又准确地编制会计报表，系统提供了手工设置和引导设置两种方式。在引导设置状态下，根据对各目标单元填列数据的要求，通过逐项设置函数及运算符，即可自动生成所需的单元公式。当然，在对函数和公式的定义十分了解、运用非常自如的情况下，

可以直接手工设置公式。

b. 直接输入公式

例 7-2：编辑利润表营业成本公式（直接输入公式）。

操作步骤：

（1）选定需要定义公式的单元，例如“B6”，即“营业成本”的本月数。

（2）选择“数据”|“编辑公式”|“单元公式”命令，打开“定义公式”对话框，如图 7-14 所示。

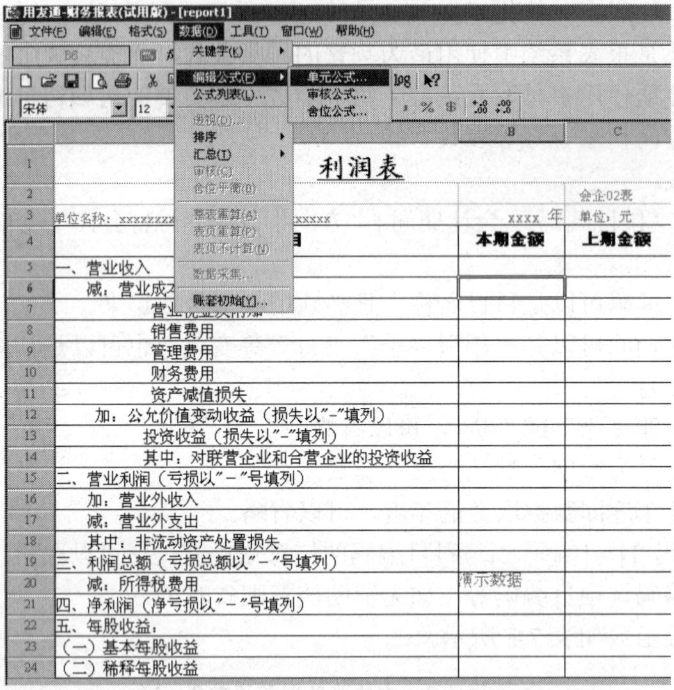

图 7-14 定义单元公式

（3）在“定义公式”对话框内，直接输入总账期初函数公式：FS("6401",月,"借",,年)+FS("6402",月,"借",,年)，如图 7-15 所示。

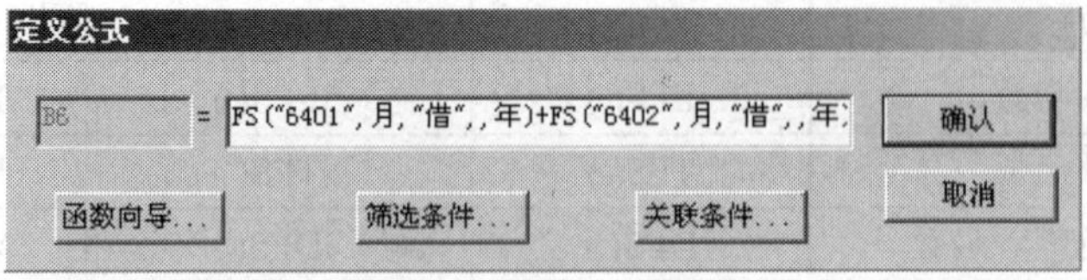

图 7-15 直接输入单元公式

（4）单击“确认”按钮。

提示：

- 单元公式在输入时，凡是涉及到数学符号的均须输入英文半角字符。
- 如果对 UFO 函数不太了解的话，可以利用函数向导引导输入，利用引导输入简单直观。

c. 利用函数向导输入公式

例 7-3：编辑利润表营业成本公式（利用函数向导输入公式）。

操作步骤：

（1）选定被定义单元“B6”，即主营业务成本的本月数+其他业务成本的本月数。

（2）单击编辑框中的“FX”按钮，打开“定义公式”对话框。

（3）单击“函数向导…”按钮，进入“函数向导”窗口，如图 7-16 所示。

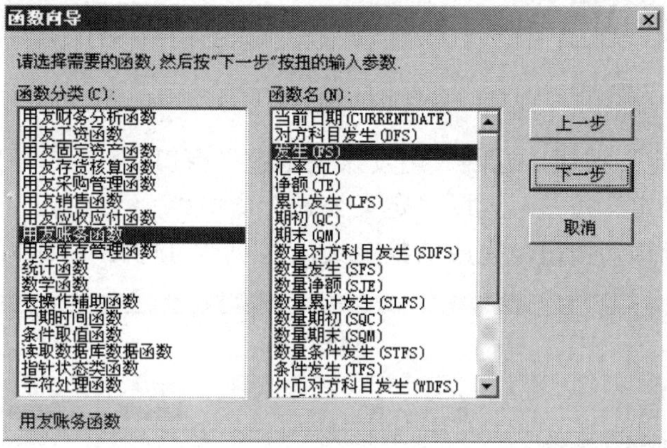

图 7-16　函数向导-1

（4）在“函数分类”下拉列表框中选择“用友账务函数”选项。

（5）在“函数名”下拉列表框中选择“发生（FS）”选项。

（6）单击“下一步”按钮，进入“用友账务函数”窗口，如图 7-17 所示。

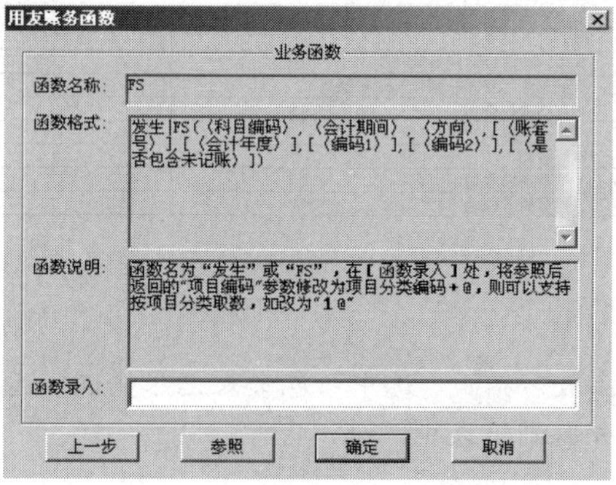

图 7-17　函数向导-2

（7）单击“参照”按钮，进入“账务函数”窗口。

（8）选择“账套号”为“默认”；“会计年度”为“默认”；输入“科目”为 6401；选择“期间”为“月”；选择“方向”为“借”，如图 7-18 所示。

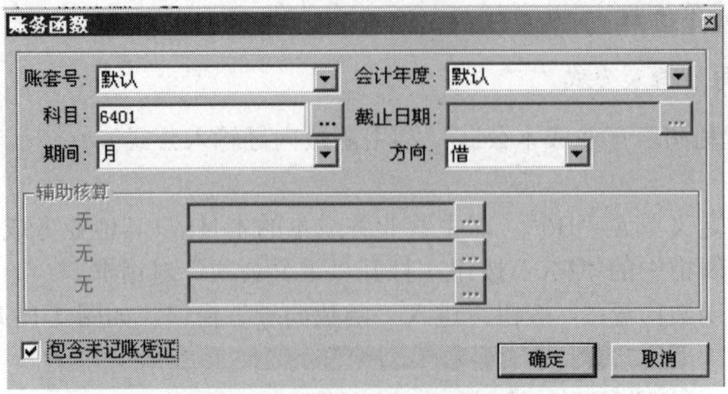

图 7-18　函数向导-3

（9）单击“确定”按钮，返回“用友账务函数”窗口。

（10）单击“确定”按钮，返回“定义公式”窗口。

（11）单击“确认”按钮，完成函数定义，返回“利润表”页面。如图 7-19 所示。

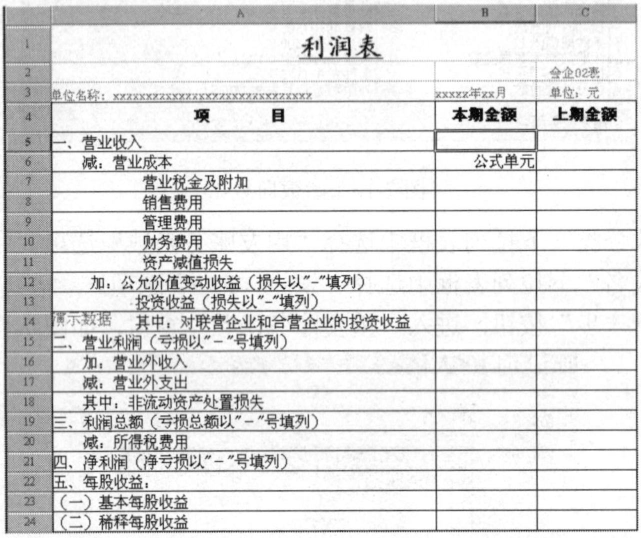

图 7-19　函数向导-4

提示：

- 在“账务函数”界面，选中“包含未记账凭证”选项，表示连同未记账凭证数据一并取到报表中。

d. 本表页内部统计公式

表页内部统计公式用于在本表页内的指定区域内做出诸如求和、求平均值、计数、求最大值、求最小值和求统计方差等统计结果的运算。主要实现表页中相关数据的计算、统计功能。应用时，要按所求的统计量选择公式的函数名和统计区域。主要本表页取数函数如表 7-4 所示。

表 7-4 主要本表页取数函数表

求 和	PTOTAL( )	最大值	PMAX( )
平均值	PAVG()	最小值	PMIN( )
计 数	PCOUNT( )	方 差	PVAR( )
		偏方差	PSTD( )

例如：

PTOTAL（B5:F9）表示求区域 B5 到 F9 单元的总和；

PAVG（B5:F9）表示求区域 B5 到 F9 单元的平均值；

PMAX（B5:F9）表示求区域 B5 到 F9 单元的最大值；

PMIN（B5:F9）表示求区域 B5 到 F9 单元的最小值。

e. 本表它页取数公式

报表可由多个表页组成，并且表页之间具有极其密切的联系。如一个表页可能代表同一单位、但不同会计期间的同一报表。因此，一个表页中的数据可能取自上一会计期间表页的数据。本表它页取数公式可完成此类操作。

对于取自于本表其他表页的数据可以利用某个关键字作为表页定位的依据，或者直接以页标号作为定位依据，指定取某个表页的数据。

取确定页号表页的数据：

格式：<目标区域> = <数据源区域> @ <页号>

如：B2=C5@1，表示当前页 B2 单元取当前表第一页 C5 单元的值。

C1=C2@2，表示 C1 单元取自于第 2 页的 C2 单元数据。

f. 报表之间取数公式

报表之间取数公式即它表取数公式，用于从另一报表某期间某页中某个或某些单元中采集数据。

在进行报表与报表之间的取数时，不仅要考虑数据取自哪一张表的哪一单元，还要考虑数据来源于哪一页。

编辑表间计算公式与同一报表内各表页间的计算公式类似，主要区别在于把本表表名换为它表表名。

取他表确定表页数据的表示方法：

格式：<目标区域> = "<报表名[.REP]>" -> <数据源区域>[@ <页号>]

当<页号>默认时为本表各页分别取他表各页数据。

如：D5= "syb" ->D5@4，表示前表页 D5 的值等于表 "syb.rep" 第 4 页 D5 的值。

2. 审核公式

报表中的各个数据之间一般都存在某种勾稽关系，利用这种勾稽关系可定义审核公式可以进一步检验报表编制的结果是否正确。审核公式可以验证表页中数据的勾稽关系，也可以验证同表中不同表页之间的勾稽关系，还可以验证不同报表之间的数据勾稽关系。

审核公式由验证关系公式和提示信息组成。定义报表审核公式，首先要分析报表中各单元之间的关系，来确定审核关系，然后根据确定的审核关系定义审核公式。其中审核关系必须确定正确，否则审核公式会起到相反的效果。即由于审核关系不正确导致一张数据正确的报表被审核为错误，而编制报表者又无从修改。

审核公式是把报表中某一单元或某一区域与另外某一单元或某一区域或其他字符之间用逻辑运算符连接起来。

审核公式格式：

<表达式><逻辑运算符><表达式>[MESS“说明信息”]

逻辑运算符有：=、>、<、>=、<=、<>。

等号“=”的含义不是赋值，而是等号两边的值要相等。

例 7-4：定义审核公式。

产品销售利润=产品销售收入-产品销售成本-产品销售费用

否则，出现“产品销售利润计算有误!”的出错信息。

净利润=利润总额-所得税

否则，出现“净利润计算有误!”的出错信息。

操作步骤：

（1）选择“数据”｜“编辑公式”｜“审核公式”命令，打开“审核公式”对话框，如图 7-20 所示。

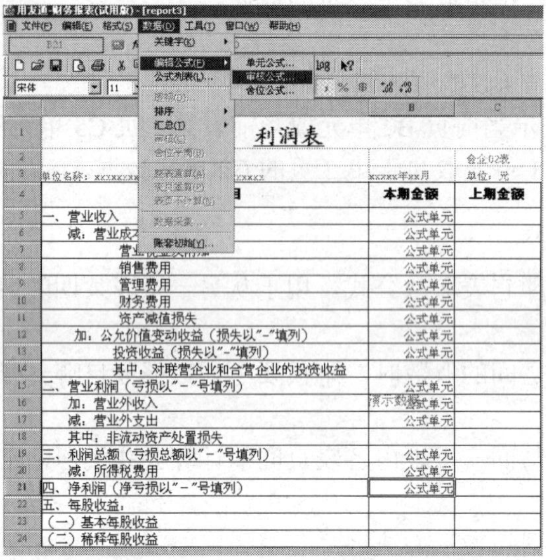

图 7-20　编辑审核公式

（2）在“审核公式”对话框中，输入：

B15= B5-B6-B7-B8-B9-B10-B11

MESS "营业利润计算有误！"

B21= B19-B20

MESS "净利润计算有误！"，如图 7-21 所示。

（3）单击“确定”按钮。

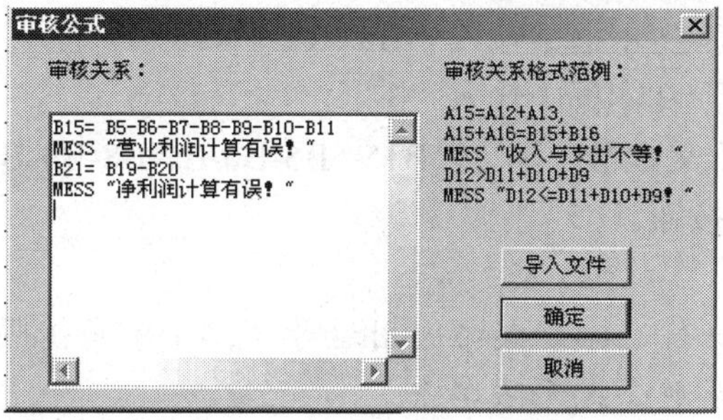

图 7-21　编辑审核公式的内容

3. 舍位平衡公式

在报表汇总时，各个报表的数据计量单位有可能不统一，这时，需要将报表的数据进行位数转换，将报表的数据单位由个位转换为百位、千位或万位，如将“元”单位转换为“千元”或“万元”单位，这种操作称为进位操作。进位操作以后，原来的平衡关系可能会因为小数位的四舍五入而被破坏，因此还需要对进位后的数据平衡关系重新调整，使舍位后的数据符合指定的平衡公式。这种用于对报表数据舍位及重新调整报表舍位之后平衡关系的公式称之为舍位平衡公式。

定义舍位平衡公式需要指明要舍位的表名、舍位范围及舍位位数，并且必须输入平衡公式。

例 7-5：将数据由元进位为千元，定义该报表的舍位平衡公式。

操作步骤：

（1）选择“数据”｜“编辑公式”｜“舍位公式”命令，打开“舍位平衡公式”对话框，如图 7-22 所示。

（2）在“舍位表名”文本框中输入 SWB，如图 7-23 所示。

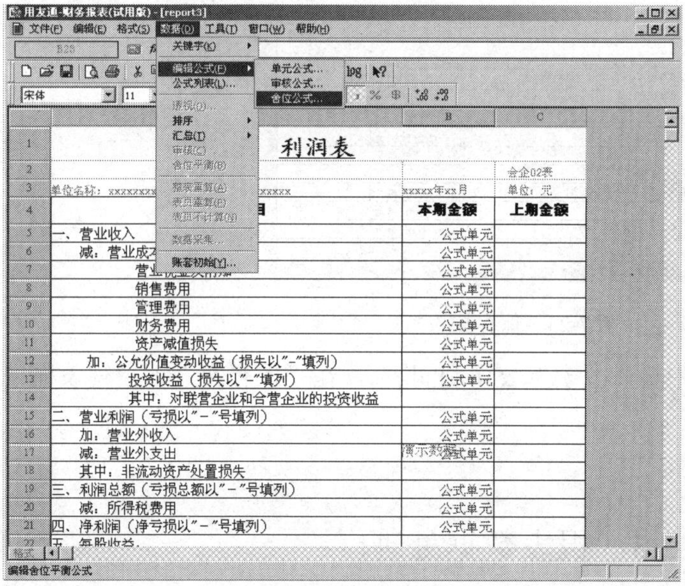

图 7-22　编辑舍位公式

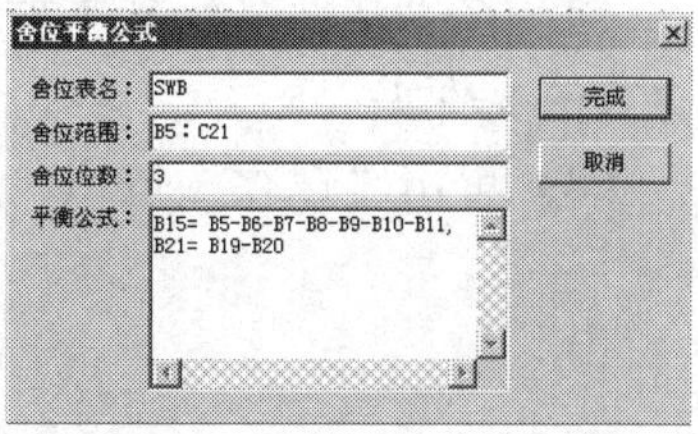

图 7-23　编辑舍位公式的内容

（3）在“舍位范围”文本框中输入“B5：C21”。

（4）在“舍位位数”文本框中输入“3”。

（5）在“平衡公式”文本框中输入“B15= B5-B6-B7-B8-B9-B10-B11, B21= B19-B20”。

（6）单击“完成”按钮。

提示：

- 每个公式一行，各公式之间用逗号“,”（半角）隔开，最后一条公式不用写逗号，否则公式无法单击。
- 舍位公式中只能使用“+”或“-”符号，不能使用其他运算符及函数。
- 等号左边只能为一个单元（不带页号和表名）。
- 一个单元只能在等号右边出现一次。

7.2.4 保存报表

报表编制完成后，需要进行保存。

例 7-6：将编制的利润表保存。

操作步骤：

（1）选择“文件”|“保存”命令，打开“另存为”对话框，如图 7-24 所示。

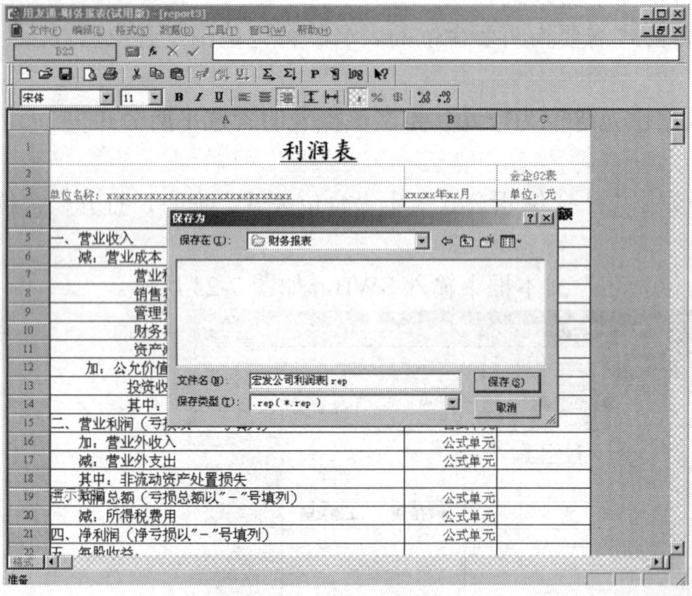

图 7-24 保存报表

（2）在“文件名”文本框中输入“宏发公司利润表”，在“保存在”下拉列表框中选择存放的文件夹。

（3）单击“保存”按钮。

7.3 报表数据处理

报表的数据包括报表单元的数值、字符及游离于单元之外的关键字。数值单元只能接收数字，而字符单元既能接收数字又能接收字符。数值单元和字符单元可以由公式生成也可以由键盘输入，关键字的值则必须由键盘输入。

报表数据处理主要包括生成报表数据（即编制报表）、审核报表数据和舍位平衡操作等工作，数据处理工作必须在数据状态下进行。处理时计算机根据已定义的单元公式、审核公式和舍位平衡公式自动进行数据采集、审核及舍位等操作。报表数据处理一般是针对某一特定表页进行的，因此在数据处理时还涉及到表页的操作，例如，表页的增加、删除等。

7.3.1　进入报表数据状态

生成报表又称为编制报表，是在报表的数据状态下进行的，是制作报表中不可缺少的重要环节。生成报表的过程是在人工控制下由计算机自动完成的。利用已经设置好的报表结构文件，运用其中的运算公式从相应的数据源中采集数据，填入相应的单元中，从而得到报表数据。

值得注意的是大多数的会计报表都与日期有密切联系。在定义报表结构时，可以无日期限制，但是在生成报表时必须确定其日期。例如《资产负债表》和《利润表》等会计报表，一般必须在月末结账以后才能生成。若在月中进行报表生成，即使所有报表公式都正确，也会生成一张数据错误的报表。

可以在编制报表时反复使用已经设置的报表公式，并且在不同的会计期间可以生成不同结果的报表。而同一报表结构在同一会计日期内多次进行报表生成得到的结果是相同的。如果在报表生成时系统提示公式有误，则必须修改报表格式或公式，修改完毕后，重新进行报表计算，才能得到按新结构生成的会计报表。

例 7-7：进入数据状态。

操作步骤：

打开“利润表”，把报表左下角的状态切换到“数据”状态，即进入到了报表的数据状态，如图 7-25 所示。

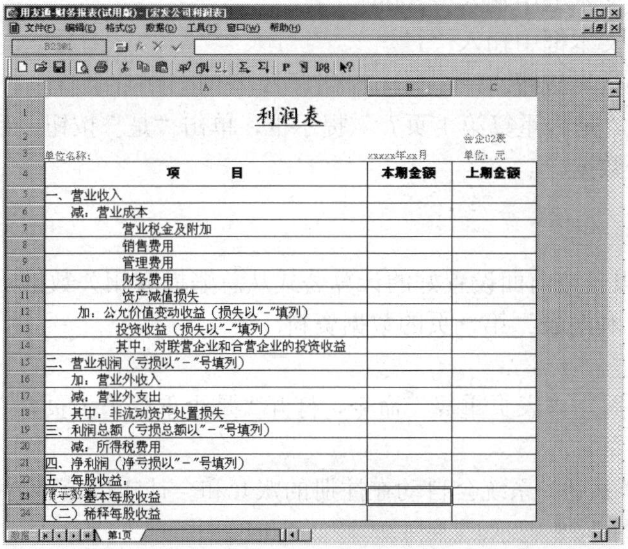

图 7-25　数据状态

7.3.2　录入关键字

每一张表页均对应不同的关键字，输出时表页的关键字会随同单元一起显示。

操作步骤：

（1）选择“数据”|“关键字”|“录入”命令，打开“录入关键字”对话框，如图 7-26 所示。

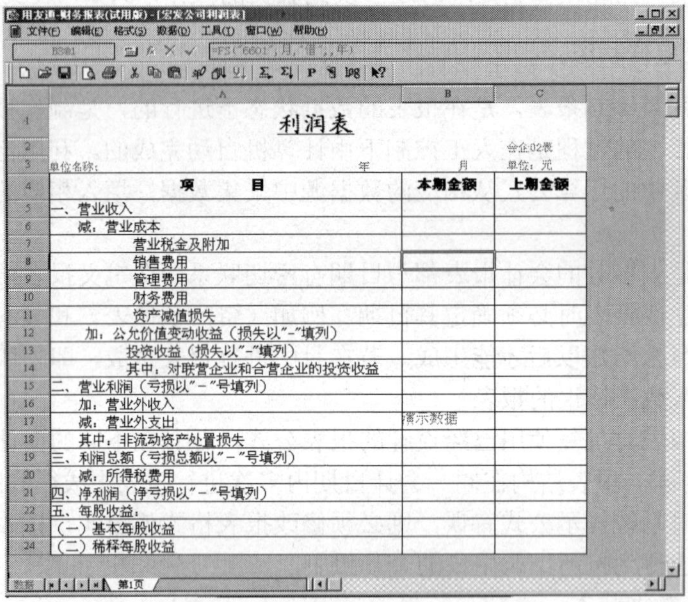

图 7-26　录入关键字

（2）在“单位名称”文本框中输入文本“宏发电脑公司”。

（3）在“年”文本框中输入“2009”。

（4）在“月”文本框中输入“1”。

（5）单击“确认”按钮。

（6）系统出现“是否重算第 1 页？”提示框，单击“是”按钮，系统会自动根据公式计算 2009 年 1 月份数据。

7.3.3　整表重算

整表重算是指报表按前面设置好的计算公式从总账提取相关数据，计算报表中的数据。

例 7-8：计算“利润表”第一页的数据资料。

操作步骤：

（1）选择“数据”|“表页重算”命令，打开“是否重算第 1 页？”对话框，如图 7-27 所示。

（2）单击“是”按钮，系统会自动在注册的账套和会计年度范围内根据单元公式计算，生成报表数据，如图 7-28 所示。

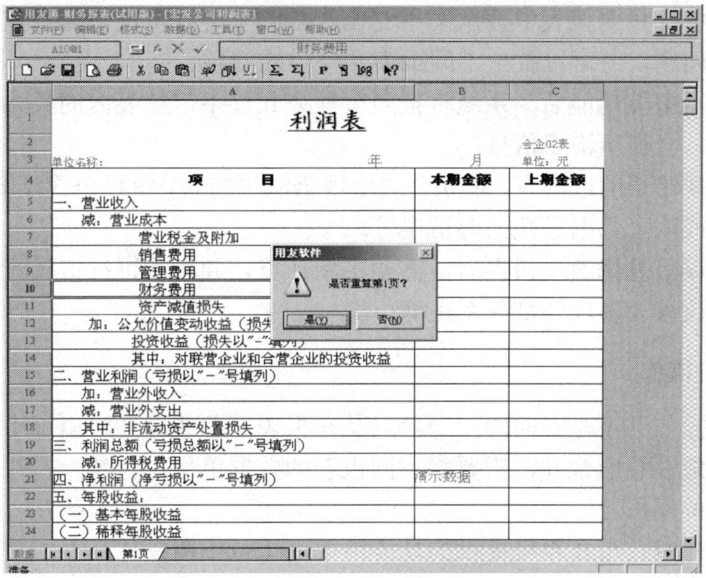

图 7-27　表页重算

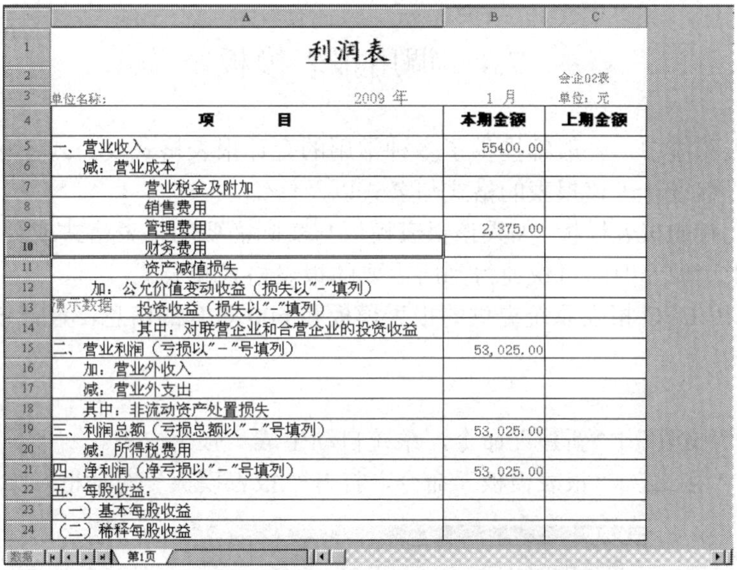

图 7-28　生成报表技术细节

提示：

- 在编制报表时可以选择整表计算或表页重算，整表计算时是将该表的所有表页全部进行计算，而表页重算仅是将该表页的数据进行计算。

7.3.4　审核报表

在一张会计报表的某些单元之间存在着内在联系，报表的审核就是根据报表中已经设置的报表勾稽关系即审核公式，对已经生成的报表进行审核，以验证报表的正确性。

在实际应用中，只要报表中数据发生变化，都必须进行审核。通过审核不仅可以找出一张报表内部的问题，还可以找出不同报表文件中的问题。

审核时，单击审核功能后，系统将按照审核公式逐条审核表内的关系。当报表数据不符合勾稽关系时，会提示错误信息。

导致审核出现错误的原因有：单元公式出现语法等错误，审核公式本身错误，账套（出现变量找不到）或账套数据等数据源错误等。

如果按照错误信息修改了错误后，需要重新计算，并再次进行审核，直到不出现任何错误信息，表示该报表各项勾稽关系正确。

7.3.5　报表舍位操作

报表的舍位操作并不是必需的，一般只是在报表汇总或合并时由于不同报表的数据单位不同而无法完成汇总或合并，需要将不同报表的数据单位进行统一，在这种情况下才需要进行报表的舍位操作。

进行舍位操作时，可在系统提供的功能中单击舍位平衡操作，系统按定义的舍位关系对指定区域的数据进行舍位，并按平衡公式对舍位后的数据进行调整使其平衡，然后将经舍位平衡处理后的数据存入指定的新表中去，并将舍位后的报表置于当前活动报表。

7.4　调用报表模板

在会计报表系统中，一般都提供了多种常用的会计报表格式及公式，称为报表模板。在每个模板中详细设计了该报表的格式与公式以及修饰。

调用系统已有的报表模板，如果该报表模板与实际需要的报表格式或公式不完全一致，可以在此基础上稍做修改即可快速得到所需要的报表格式和公式。

例 7-9：利用 UFO 报表系统提供的报表模板和 600 账套的信息，设计该企业的资产负债表格式与公式。

操作步骤：

（1）选择“文件”|“新建”命令，系统自动生成一张空白表。

（2）选择“格式”|“报表模板”命令，打开“报表模板”对话框，如图 7-29 所示。

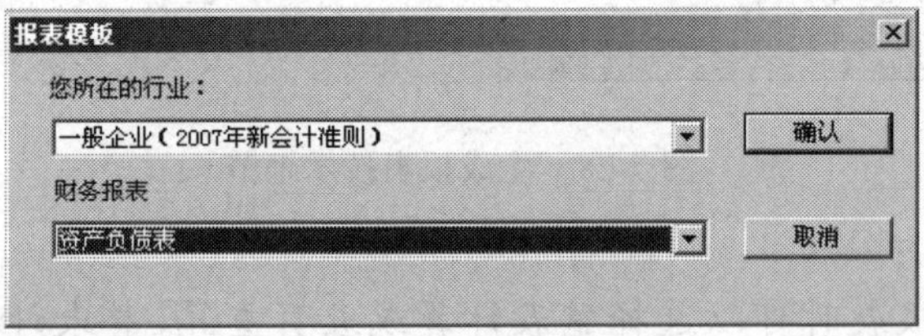

图 7-29　选择报表模板

（3）在“您所在的行业”下拉列表框中选择“一般企业（2007 年新会计准则）”选项。

（4）在“财务报表”下拉列表框中选择“资产负债表”选项。

（5）单击“确认”按钮，系统提示“模板格式将覆盖本表格式！是否继续？”。

（6）单击“确定”按钮，当前格式被自动覆盖。

提示：

- 当前报表套用报表模板后，原有内容将丢失。
- 用户可以根据本单位的实际需要定制报表模板，并可将自定义的报表模板加入系统提供的模板库中，也可对其进行修改、删除操作。

7.5　图表功能

报表数据生成之后，为了对报表数据进行直观的分析和了解，方便对数据的对比、趋势和结构分析，可以利用图形对数据进行直观显示。UFO 图表功能提供了直方图、圆饼图、折线图和面积图 4 大类共 10 种格式的图表。

图表是利用报表文件中的数据生成的，图表与报表数据存在着紧密的联系，报表数据发生变化时，图表也随之变化，报表数据删除以后，图表也随之消失。

在进行图表分析管理时，可以通过图表对象来管理，也可以在图表窗口将图表专门作为图表文件来管理。如果通过图表对象管理，图表对象和报表数据一样在报表区域中编辑、显示和打印；如果把图表单独作为一个文件来管理，则图表文件的编辑、显示和打印均在图表窗口中进行，但图形的大小会随报表数据变动。

7.5.1　插入图表对象

1. 追加图形显示区域

在管理图表对象时，图表对象和其他数据一样需要占用一定的报表区域。由于前面在报表格式设置时没有为图形预留空间，如果不增加图形显示区域的话，插入的图形会和报表数据重叠在一起，影响阅读。因此，一般需要增加若干行或列，作为专门的图形显示区域。

操作步骤：

（1）在“格式”状态下，选择“编辑”|“追加”|“行”命令，打开“追加行”对话框，如图 7-30 所示。

图 7-30　“追加行”窗口

（2）在“追加行数量”下拉列表框中输入需要追加的行数 8。

（3）单击“确定”按钮。

2. 选取数据区域

插入的图表并不是独立存在的，它依赖报表的数据而存在，反映报表指定区域中数据的对比关系，所以在插入图表对象之前必须事先选择图表对象反映的数据区域。

例 7-10：在利润表的“数据”状态下，选中数据区域为 A5:D20。

操作步骤：

（1）单击“格式/数据”按钮，进入“数据”状态。

（2）在第 1 页中，选取一个数据区域 A5:D20。

提示：

- 插入的图表对象实际上也属于报表的数据，因此有关图表对象的操作必须在数据状态下进行。
- 选择图表对象显示区域时，区域不能少于 2 行*2 列，否则会提示出现错误。
- 系统把区域中的第一行和第一列默认为 X、Y 轴标注，其余为数据区。如果选中数据区域的第一行和第一列在每张表页上不一样，则以第 1 页的第一行和第一列为标注。

3. 插入图表

图表对象实际上是报表的特殊数据，图表对象由以下几部分组成：

- 主标题、X 轴标题、Y 轴标题：最多可以输入 20 个字符或 10 个汉字。单击主标题可以将其在图表对象区域中任意拖动。双击主标题可以编辑输入标题内容。
- X 轴标注：用于区分不同的数据，X 轴标注是自动产生的，当数据组为“行”时，系统将源数据区域的第一行定义为 X 轴标注；当数据组为“列”时，系统将源数据区域的第一列定义为 X 轴标注。
- Y 轴标注：用于显示数据的值，Y 轴标注是自动产生的，当数据组为“行”时，系统将源数据区域的第一列定义为 Y 轴标注；当数据组为“列”时，系统将源数据区域的第一行定义为 Y 轴标注。
- 单位：指 Y 轴（数据轴）的单位，Y 轴标注乘以单位即实际数值。
- 图例：说明不同颜色或图案代表的意义，图例可以移动但不能修改。
- 图形：指图形显示部分。
- 关键字标识：当选取“整个报表”作为操作范围时，用以区别不同表页的数据。

图表对象可以在报表的任意区域插入，一般为了不和报表的数据重叠，可以将图表对象插入到事先已增加的图形显示区域内。

在 UFO 系统中，允许同时插入多个图表对象，以不同的图形反映不同数据。

例 7-11：在利润表中插入图表。

操作步骤：

（1）选择“工具”|“插入图表对象”命令，打开“区域作图”对话框，如图 7-31 所示。

（2）在“数据组”选项区域中单击“行”单选按钮，则以行为 X 轴、列为 Y 轴作图（单击“列”单选按钮，则以列为 X 轴、行为 Y 轴作图），默认为“行”。

（3）在“操作范围”选项区域中单击“当前表页”单选按钮，则利用当前表页中的数据作图（单击“整个报表”单选按钮，则利用所有表页中的数据作图），默认为“当前表页”。

（4）在“图表名称”文本框中输入图表的名称 GRAPH_0，如图 7-31 所示。

图 7-31　插入图表对象

（5）在“图表标题”文本框中输入图表标题“标题”；在“X 轴标题”文本框中输入“X 标题”；在“Y 轴标题”文本框中输入“Y 标题”。

提示：

- 如可以在“图表标题”文本框中输入图表标题“销售分析”；在“X 轴标题”文本框中输入 X 标题“项目”；在“Y 轴标题”文本框中输入 Y 标题“销售额”。

（6）在列出的图表格式中选择一种图形，如成组直方图。

（7）单击“确认”按钮，结果如图 7-32 所示。

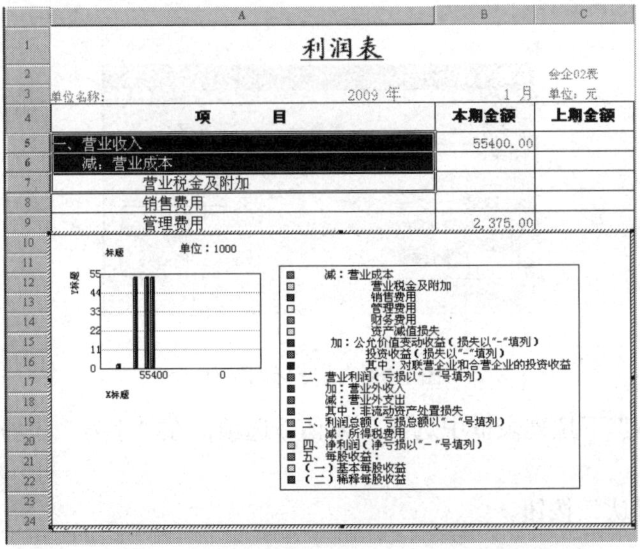

图 7-32　直方图

7.5.2　编辑图表对象

图表对象建立起来以后，可以在图表对象窗口对图表对象进行编辑。在“数据”状态下，选中图表对象，可以拖动、拉伸图表对象，双击图表对象即可进入图表对象窗口。在图表对象窗口中可以编辑图表对象、改变图表格式及图表对象的相对位置等。单击图形区域以外的区域即可回到正常报表处理状态。

在图表窗口中可以完成图表对象窗口的基本操作功能。

1. 编辑标题

图表标题、X 轴标题和 Y 轴标题可以在建立图表时的“区域作图”对话框中输入内容，也可以在图表建立以后进行编辑。

操作步骤：

（1）双击图表对象的任意部位，图表即被激活。

（2）选择“编辑”|“主标题”命令，系统将弹出“编辑标题”对话框。

（3）在“请输入标题”编辑框里输入标题内容。

（4）单击“确认”按钮。

提示：

- 编辑标题可以在图表对象编辑状态下的“编辑”菜单中编辑，或在图表编辑状态下双击要编辑的标题即可进行编辑。
- X、Y 轴标题的定义同主标题一样。

2. 改变主标题的字型字体

操作步骤：

（1）单击要改变的标题-主标题。

（2）选择“编辑”|“标题字体”命令，系统弹出“标题字体”对话框，如图 7-33 所示。

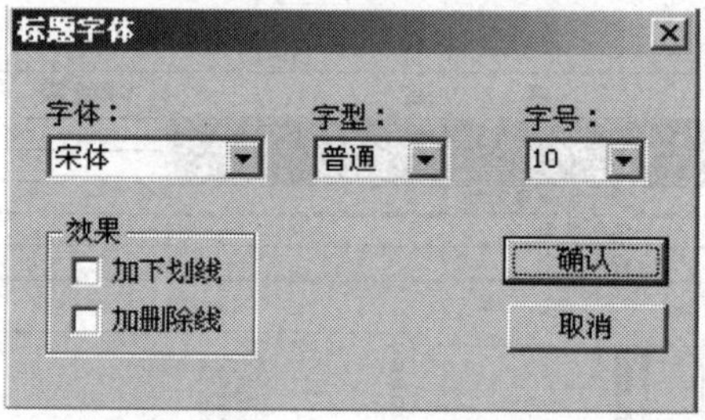

图 7-33　改变标题字体

（3）在“字体”下拉列表框中选择“宋体”选项，在“字号”下拉列表框中选择字号为 10。

（4）单击“确认”按钮。

提示：

- X、Y 轴标题的字型、字体、字号也可按照此方法改变。

3. 定义数据组

图表的坐标轴可以进行转换。

操作步骤：

（1）选择“编辑”|“定义数据组”命令，系统将弹出“定义数据组”对话框，如图 7-34 所示。

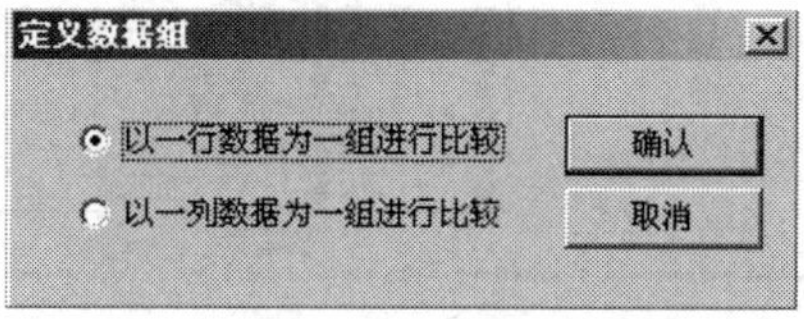

图 7-34　定义数据组

（2）在对话框中单击“以一列数据为一组进行比较”单选按钮。

（3）单击“确认”按钮，图形将作相应的变化。

4. 改变图表格式

UFO 提供了 10 种图形格式，在“格式”菜单中选择相应的图形格式菜单项就可以完成相应图形格式的转换。另外，单击工具栏中的图标也可改变图表格式。

操作步骤：

（1）选择“格式”|“成组直方图”命令，如图 7-35 所示。

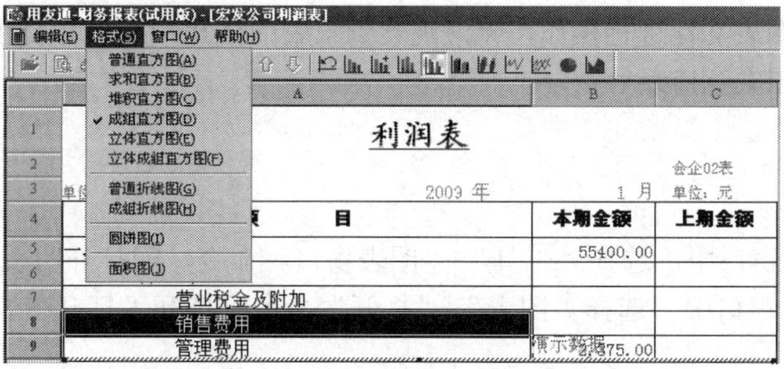

图 7-35　改变图表格式

（2）系统会自动切换编辑框里的图形格式。

提示：

- 在这些格式中“普通直方图”、“立体直方图”、“圆饼图”和“面积图”只能显示第一行或第一列的数据。

5. 图表对象预览/打印

图表对象也可以打印和预览，它们可以和报表数据一起打印/预览，也可以单独打印/预览，这里的图表对象的预览/打印功能仅对图表对象有效，不打印或预览报表的数据。

操作步骤：

（1）选定对象，单击鼠标右键，选择对象预览，可以只对插入的图表对象进行预览和打印，如图 7-36 所示。

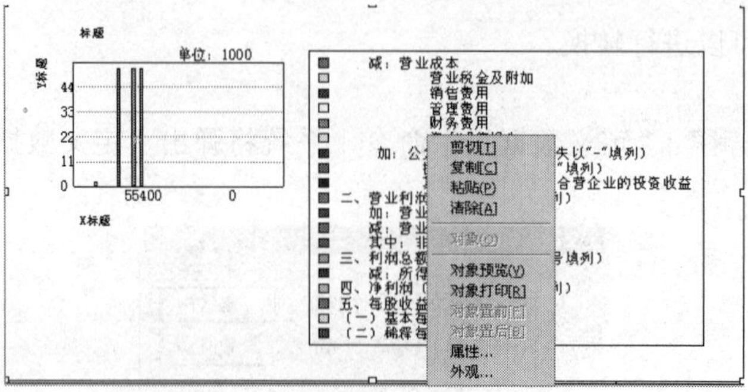

图 7-36　选择图表对象预览

（2）系统会自动产生预览。

提示：

- 如果要将图表和报表一起打印，可以选择“文件”|“打印”命令。
- 如果存在多个图表对象的话，预览/打印的对象是只对最上层的图表对象有效。可以利用对象置前/置后功能，将需要打印的图表对象放置在最上层。

7.5.3　图表窗口

图表窗口是一个特殊的窗口，它有别于图表对象窗口，在图表窗口中看到的仅仅是图表文件，只能对图表文件进行操作，无法观察到报表的格式和数据。要在图表窗口中操作图表首先要打开图表窗口。

1．打开图表

操作步骤：

（1）在报表窗口中，选择“工具”|“图表窗口”命令，即打开图表窗口。

（2）在图表窗口中，选择“图表”|“打开”命令，打开“打开图表”对话框，如图 7-37 所示。

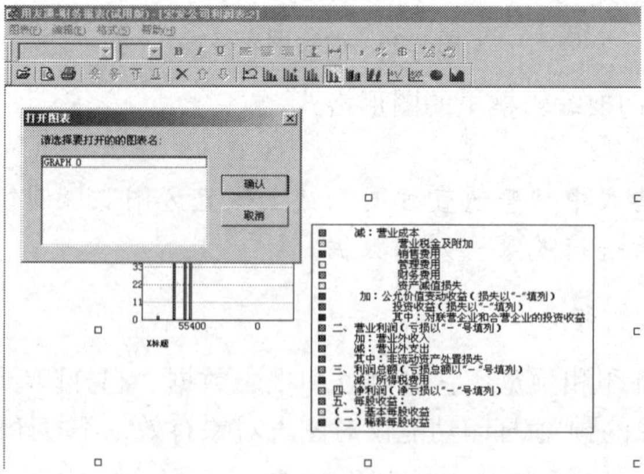

图 7-37　选择打开的图表

（3）在对话框中列出了本报表文件已有的图表名，在其中选择一个。

（4）单击“确认”按钮。

提示：

- 打开图表窗口既可以在格式状态下，又可以在数据状态下操作。
- 如果已有图表，则自动打开第一个图表；如果没有图表，则打开一个空的图表窗口。
- 打开图表窗口时只能打开一个图表，不能同时打开多个图表。打开图表窗口默认打开的是第一个图表文件，如果存在多个图表文件的话，则需要选择其中之一打开。

2．删除图表

如果不需要某一张图表，可以随时将其删除。图表操作完之后，可以退出图表窗口。关闭以后退出到格式/数据窗口。

操作步骤：

（1）选择要删除的图表，使它成为当前图表窗口。

（2）选择“图表”|“删除”命令，当前图表将被删除。

提示：

- 单击工具栏中的“删除”图标，也可以删除图表。

思考题

1．财务报表管理系统的主要功能有哪些？

2．在报表的格式状态下能完成哪些工作？

3．如何理解关键字？如何调整关键字的位置？

4．可以对报表模板中的公式进行修改吗？

5．生成报表数据应具备哪些条件？